管家琪教作文

語詞聯想遊戲

作者◎管家琪　繪圖◎賴　馬

【自序】作文就是一個聯想的遊戲

◎管家琪

作文就是一個聯想的遊戲。這本書就是一連串的語詞聯想遊戲。

全書一共二十個單元，原本是《國語日報》〈語文教室〉版面上的專欄，在這個專欄中，管阿姨每一次都先列出三個小學低中年級小朋友常用的語詞，再針對這三個不同的語詞來做聯想，寫一篇故事，也許是童話，也許是生活故事，（三個語詞出現的先後順序不拘），然後在「管阿姨的心得交流站」中，不僅和小朋友分享創作這個故事的過程，希望提供小朋友一些關於如何構思一篇作品的

經驗，也提供小朋友一些關於聯想的技巧。

小朋友的作文就跟作家寫作是一樣，都是離不開生活的。所以，寫作（作文）既然是一個聯想的遊戲，而且是一種植根於生活的聯想的遊戲，那我們就不妨把所謂的「生活」來加以剖析，看看在看似平凡和平淡的生活中，究竟有哪些方面特別能夠引發我們的聯想？

管阿姨一共列舉了十九個方面，比方說，可以針對常識來進行聯想，或者是針對形狀與符號來進行聯想，或者是同音字、數字再配上諧音，也或者是顏色、玩具、卡通、電影、漫畫、書本、遊戲、地方、動物、植物、礦物、聲音、味道、食物、記憶。管阿姨在每一個單元所做的語詞聯想，就都是根據這些不同的範圍來加以聯想的。

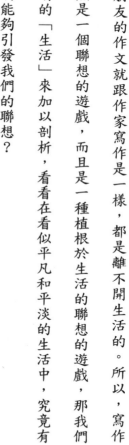

不過，在這本書裡，每一個單元還都會有一篇小朋友語詞聯想的作品。二十個單元、一共是二十篇小朋友的作品，其中，台灣小朋友的作品十三篇，大陸小朋友的作品七篇。這二十篇小朋友的作品，都是只針對每一組語詞來做聯想，並沒有限定小朋友一定是要從顏色或是電影等不同的範圍去聯想，怎麼樣聯想都可以，針對什麼樣的範圍來聯想都沒有限制，只要能夠把三個語詞都用進去就好，而且當然是希望用得愈自然、愈巧妙愈好。大家的表現普遍都很出色，真的很值得嘉獎，小朋友們在看完之後不妨也來想一想，如果是你來做這個單元的語詞聯想，你會做怎樣的聯想呢？

【目錄】

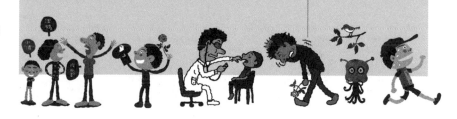

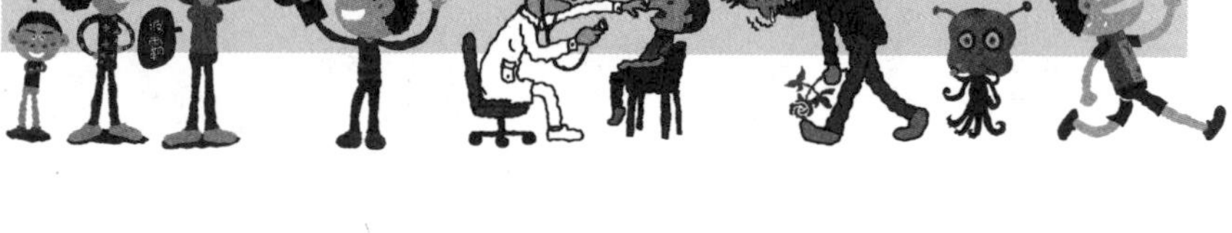

真是太
幸運了!

1 帽子、鳥籠、玫瑰花

魔術師的帽子

有一個魔術師，有一頂黑色的寶貝**帽子**。每次上台表演，在向觀眾打過招呼之後，他就會把帽子摘下來，先從帽子裡變出一束漂亮的**玫瑰花**，再把玫瑰花輕輕一揮，變成一隻雪白的白鴿。

魔術師有一個兒子，今年五歲，很喜

歡幼稚園裡頭的一個小女孩。這天，一大清早，他趁爸爸不注意，偷偷把爸爸的帽子帶到幼稚園，想當眾從帽子裡變出一束玫瑰花來送給女孩。他想，女孩一定會很高興的。

然而，不管他怎麼變，帽子裡什麼都沒有，他什麼也拿不出來。小男孩急得快哭了。

就在這時，魔術師發現帽子被兒子帶走，急急忙忙的趕到幼稚園，正好看到兒子漲紅著臉，大聲解釋：「這個帽子裡明明有玫瑰花的！」

「有的有的！」魔術師馬上接腔：「不過，兒子，你真糊塗，你拿錯帽子啦，真的就在我車上，我現在就去拿。」

說著，魔術師拿著帽子一轉身就出去了。稍後，等他再回來的時候，他宣布：「真抱歉，帽子剛才告訴我，它很害羞，只肯聽我一個人的話，所以還是我來吧。」

接下來，所有的小朋友都意外欣賞了一場魔術表演，小女孩也收到了玫瑰花。

「還有哪，」魔術師笑咪咪的看著女孩：「帽子說，今天買一送一，它還要附送你一個小巧精緻的**鳥籠**。」

「可是……」小女孩有些納悶：「我以為它會送我一隻白鴿的。」

原來她看過魔術師的表演。

魔術師回答道：「沒錯，本來是這麼想的，但是它又擔心怕你媽媽不讓你養白鴿，所以決定還是先送你一個可愛的鳥籠，你瞧——」

魔術師把鳥籠旋轉了一下，鳥籠居然唱起歌來了。這個鳥籠其實是一個音樂盒。

男孩非常佩服爸爸，心想爸爸真厲害，連帽子都只聽爸爸的。

男孩不知道，這頂帽子只是道具，剛才爸爸是故意先說拿錯帽子，然後趕快溜回車上去動手腳；因為車上沒有白鴿，所以就把玫瑰花和音樂盒火速塞到帽子裡去。

管阿姨的心得交流站

◆ 我們常常都是根據生活經驗來聯想。比方說，只要看過魔術表演，對於魔術師變出玫瑰花、變出白鴿（不管是從什麼地方變出來）這樣的畫面應該都不會陌生。

◆ 魔術師的造型，很多都是穿著燕尾服，再戴一頂高高的禮帽，一副非常紳士的模樣。所以，一看到這三個語詞，我首先從「帽子」聯想到魔術師，再由魔術師聯想到「玫瑰花」。這樣，就已經可以把兩個語詞聯繫起來了。

◆ 要處理「鳥籠」這個語詞比較要費一點心思；因為，在魔術表演中，魔術師變出白鴿似乎是很常見的，可是如果說魔術師變出鳥籠好像就不太對勁，太勉強了，於是我就想，也許我可以把這個鳥籠另外再設想一下，比方說，也許這只是一個鳥籠造型的——什麼呢？——我又想，有什麼鳥籠造型的東西是適合送給小女孩的呢？——最後，我決定要用音樂盒。

◆為了要把鳥籠造型的音樂盒安插進去，自然就需要一些情節。一開始我想過要不要把故事集中在魔術師的表演上（如果順著這個思路繼續發展，那就是另外一個故事了），但是後來我又改變主意，希望在故事中出現一些小朋友，而且最好是年齡小一點的，這樣比較容易製造出陰錯陽差的效果。

◆正是因為我們的聯想總是來自生活經驗，就好像如果對魔術師的裝扮、表演毫無概念，就不會有這番以魔術師的帽子作為重點的聯想，所以，為了增強聯想能力，我們的常識自然是要愈豐富愈好。

小朋友的作品

世界第一名

蕭晴云／台北市萬華國中八年級

有一天，一頂魔術師的**帽子**突發奇想，他想，到底什麼東西是世界上的第一名呢？

他怎麼都想不透，於是，他便舉辦了一個「世界第一名」的比賽。

許多東西都來參加比賽，包括眾人覺得最具冠軍相的**玫瑰花**和**鳥籠**裡的金絲雀。

「歡迎大家來參加比賽！我是主持人，魔術師的帽子！比賽的規則很簡單，只要向裁判——也就是我——證明，你具有第一名的資格，就能馬上把這

座獎盃抱回家！」

魔術師的帽子指向寶座上閃閃發亮的獎盃，上頭刻著「世界第一名」五個大字。

就這樣，比賽開始了，選手一個個上台，盡全力的搔首弄姿，希望第一名是自己。

但魔術師的帽子看了卻是直搖頭，令眾人一陣失望。

最後，終於輪到眾人期待的玫瑰花上台了，台下開始歡呼。

「我們來歡迎99號的上場，玫瑰花！」

玫瑰花上台後立刻讓全身上下的花苞都開花，讓全場都圍繞在濃郁的花香裡。

「如何？很漂亮吧？很香吧？」玫瑰花扭著身體，驕傲的說著。

魔術師的帽子似乎很滿意的樣子，看著玫瑰花直點頭。

「好！我宣布，今天的第一名就是——」魔術師的帽子開口。

「等等！我還沒上台呢！」這時，一個美妙的嗓音插了進來，阻止了魔術師的帽子。

只見一人站上了舞台，原來是壓軸的金絲雀。

眾人呆愣了一會，不久又開始歡呼，大家都忘了還有也同樣受期待的金絲雀！

等台下安靜後，金絲雀深吸一口氣，開始唱起美妙的歌曲。

眾人著迷的聽著，身體不由自主的隨著音樂擺動。

金絲雀唱完後，帶著微笑優雅的一鞠躬；比對起玫瑰花的驕傲，金絲雀顯得有氣質多了。

眾人又開始喝采，魔術師的帽子的眼神在兩人中穿梭，遲遲沒辦法作出最後抉擇。

這時，擁有許多知識的老烏龜經過了比賽會場，大家便請他評評理，看誰才是第一名。

老烏龜聽了來龍去脈後，點了點頭，緩緩的開口。

「不用比了，兩個都是第一名。」

「什麼？」眾人都不知所措的看著老烏龜。

「根本不用辦比賽，因為每個人都是世界第一名，都有著自己的特色。」

老烏龜說著，眼神掃過現場的每個人。

管阿姨點評

這篇作品的結構相當完整，三個語詞都融入得很自然，故事本身也挺有勵志性，最後老烏龜所說的「每個人都是世界第一名，都有著自己的特色」，顯然是整個故事的精神。

不過，這個故事卻有一個明顯的瑕疵，那就是從一開始，「有一天，一頂魔術師的帽子突發奇想」，想知道「什麼東西是世界上的第一名」，到「他怎麼都想不透，於是，他便舉辦了一個世界第一名的比賽」，然後展開故事，可

是，小作者卻沒說清楚到底是哪方面的「世界上的第一名」，是要比漂亮呢？聰明呢？還是比哪方面的才藝？或是比一分鐘之內誰能吃下最多的熱狗？畢竟，任何比賽，所有的參賽者都必須站在同樣的基準上才能比，而各式各樣、甚至是稀奇古怪的比賽很多很多，這個所謂的「世界上的第一名」，到底是要比什麼，實在是應該說說清楚，才不會讓讀者感到很納悶。

2 超級、驚訝、祕密

超級大胃王

可可是嘰哩咕嚕星球「喀擦喀擦小學」裡一個非常貪吃、也非常能吃的小外星人；他的綽號叫作「**超級**大胃王」。

每次一到「星際教學日」，可可都是最受大家注意的一個小朋友，因為他總是從早吃到晚、走到哪就吃到哪，那一張綠綠的小嘴簡直從來就沒有停過。大家都想不通可可的肚子怎麼能裝得下那麼多的東西？

這天，在「星際教學日」的第一站，可可本來又像平常一樣，大吃特吃，就好像肚子裡有一個無底洞，怎麼都塞不滿似的，可是稍後在準備前往第二站時，可可突然胃痛如絞。

「停車！哎喲，快停車！痛死我了！」

可可痛得整張臉都從淺綠變成墨綠了。車子剛停穩，他馬上就跳下車拚命往廁所衝。

大家都很擔心。沒想到過了一會兒，可可重新上車時，居然一派輕鬆，大家都覺得很**驚訝**，紛紛問道：「可可，你不痛了嗎？沒事啦？你好得真快！」

「是啊，沒事了。」可可笑咪咪的回答，一點也看不出剛才還痛得那麼慘。

到了第二站，可可又狂吃猛吃。老師提醒他，肚子剛好，最好還是讓胃先休息一下吧，可可也不聽，連說「沒關係的，不怕不怕！」

過了一會兒，可可的臉色又不對了，因為，他的胃又痛了！

就這樣反反覆覆了三次，可可在去了第三次廁所之後，終於破口大罵道：

「真是便宜沒好貨！氣死人了！」

這是什麼意思啊？在大家的追問下，可可才很不好意思的告訴大家，原來是為了希望能吃到更多好吃的東西，在每次「星際教學日」之前，他都會去多買三個胃悄悄裝在肚子裡，這樣加上自己原本的胃，一共是四個胃，就可以毫無顧慮放開了吃。

「這是跟地球上一種叫作『牛』的動物學的，可是這次為了省錢買了便宜一點的胃，沒想到都是有胃病的，所以……」說著

說著，可可自己都很不好意思。

這天，可可「超級大胃王」的**祕密**終於曝光了。

管阿姨的心得交流站

◆在這一組語詞中，「祕密」是名詞，「超級」是形容詞，而「驚訝」應該是這三個語詞中最好用、或者可以說是很容易就用得上的一個，所以主要是要想辦法把「超級」和「祕密」這兩個語詞聯繫在一起。

◆看到「超級」這個語詞，首先很容易聯想到很多漫畫英雄和卡通英雄，然後我又聯想到外星人，接下來就是要想好該讓這個外星人有一個什麼樣的祕密？什麼樣的超級祕密？——好了，這樣就可以把這三個語詞都聯繫起來了。

◆偉大的科學家愛因斯坦曾經說：「想像比知識更重要。」愛因斯坦究竟是在什麼樣的情況之下說這句話，前後的語句又是什麼，似乎已經沒什麼人弄得清楚，但是這句話成了一句名言，並且使很多人因而產生了一個很大的誤解，大家會以為——你看，連愛因斯坦都說想像比較重要，比知識更重要，那我不必再多費力氣去學什麼知識了，只要能夠胡思亂想就行啦！其實，只有在常識和知識都比較豐富的情況下，才能刺激我們的想像，你的聯想力也才會比較出色。所謂「觸類旁通」、「舉一反三」、「融會貫通」，都是這樣的道理。

◆舉一個例子，同樣是科幻片，顯然是現在的科幻片對於未來的想像要更逼真、更有說服力吧？因為現在的科技比過去要進步很多了呀，站在現有科技的基礎上再去想像未來，自然是要比二十年前、三十年前的科幻片要來得逼真了。

◆「牛」有四個胃，這就是一個常識，很多小朋友可能在低年級的時候就知道了。這個故事其實就是從這個常識去慢慢引發出來的。

小朋友的作品

跳遠好手

洪廣耘／新竹市內湖國小五年級

在遙遠的澳洲，有一個**超級**能力學校，裡面的學生都有特殊才能。

小袋鼠「跳跳」，是超級能力學校裡的學生，跳跳有兩個好朋友，一個是變色龍，他隨時隨地都可以把自己的身體變成各種顏色，讓敵人不容易發現他，有一回他甚至把自己的身體變成彩虹的顏色，掛在天上大半天，所有的路人竟然都沒有發現。跳跳的另一個好朋友是無尾熊，他非常會爬樹，甚至可以在三秒鐘內爬上兩百公尺的樹尖。他們三個是學校裡的超級運動高手。

有一天，他們跑到草原上玩，突然來了一群凶猛的澳洲野狗，他們三個都

感到十分害怕。情急之下的跳跳，決定奮力一搏，沒想到一用力跳躍，竟然使出「後腿無影腳」，把野狗們全部踢飛到一百公里以外的大湖裡，無尾熊和變色龍**驚訝**的發現，原來跳跳的腳不僅可以用來跳遠、跳高，還可以用來防身，他們覺得跳跳很勇敢，無影腳的功夫也非常厲害。

跳跳回到家裡後，開心的和媽媽分享拯救大家的經過，媽媽只是微笑的對他說：「雖然這次驚險的逃過了，以後要更加小心喔！」接著媽媽告訴跳跳一個天大的**祕密**：「人類無影腳始祖黃飛鴻，其實當初就是來找你曾曾曾祖父學功夫，才練成這套武功的。」

天啊！原來黃飛鴻師父的無影腳功夫，是跳跳袋鼠他們家遺傳的真功夫呢！

管阿姨點評

看得出來廣耘很用心的在安排「超級」、「驚訝」和「祕密」這三個詞，而且安排得也很好。

故事也滿有意思，「原來跳跳的腳不僅可以用來跳遠、跳高，還可以用來防身」，結尾更是製造出讓人眼睛一亮的效果。（居然能夠聯繫到黃飛鴻的身上，實在是太厲害了！）

不管怎麼說，廣耘有一套自己的邏輯（從童話的角度解釋了黃飛鴻的無影腳是怎麼來的），就童話寫作而言，這是相當不容易的。

創意

3 金幣、麵包渣、觀賞

兩個小精靈

初秋的夜晚，不冷不熱，正適合在戶外納納涼、聊聊天或散散步。

這天晚上，在森林深處，一群小精靈正在一片吊鐘花下面熱熱鬧鬧地開著舞會。不過，就算是小精靈，也不見得就什麼都會，比方說，還是有小精靈對於跳舞一點也不擅長，像歐比和朵朵兩個就是，他們已經躲在蘑菇附近偷看其他小精靈跳舞偷看了很久了，愈看就愈羨

慕，愈看也就愈沮喪。

歐比實在看不下去了，就在他轉身想要離開的時候，他發現了朵朵，也看到了朵朵那種又想加入、又沒有勇氣加入大夥兒的眼神。歐比猜想自己剛才一定也有同樣的眼神。

「哈囉，要不要到別的地方去走走？」歐比過去跟朵朵打招呼。

朵朵看看歐比，勉強打起精神，有氣沒力地說：「好啊。」

於是，他們來到附近另一處花壇，遠離吊鐘花放出來的音樂。

兩人有一搭沒一搭地聊著天，很快地，能講的話都講完了，兩人只好一起抬頭假裝**觀賞**天上的月亮。

這天晚上正好是滿月。看了一會兒，歐比想到可以說一點什麼了，便開口道：「你看，月亮圓圓的好像……」

「我知道！」朵朵接口道：「好像餅乾，對不對？」

歐比愣了一下，其實，他本來是想說「好像**金幣**」，可是看朵朵現在好像滿高興的模樣，他不敢說了，怕朵朵覺得自己太俗氣，只好趕快來個腦筋大轉彎，硬著頭皮說：「呃，我是覺得很像麵包，跟餅乾差不多，哈哈哈。」

最後那串笑聲乾乾的，也假假的，歐比想要表現出「不約而同」的感覺，可惜效果不佳。

「麵包？」朵朵重複了一句。

歐比的整個臉都漲得通紅。他當然聽得出來朵朵的口氣充分說明了她覺得滿月一點也不像麵包。歐比急切地想要再說一點什麼，扳回一點顏面，無奈硬是什麼也想不出來。（唉，其實歐比不擅長的東西豈止只是跳舞啊。）

這個時候，好心的朵朵也在拚命想要說一點什麼來化解尷尬，無奈她的思路向來也比較遲鈍，暗暗想了好久，還是不知道該說些什麼才好。

終於，機會來了！

就在此時，一陣流星雨劃過天際，好美！朵朵趕緊順著歐比剛才的比喻，開心的大叫：「快看快看！**麵包渣**來啦！」

可不是嗎？如果滿月像麵包，那麼流星雨當然可以像麵包渣啦。

管阿姨的心得交流站

◆很多第一次看到吉隆坡雙塔的人都會覺得「好像兩個玉蜀黍」，看到圓山飯店會想到中國古代建築，看到桃園機場第二航廈的小電梯會覺得好像子彈或是膠囊……根據形狀來聯想是非常簡單、也是非常自然的。

◆在我們的生活裡有好多好多的幾何圖形，或是這個那個的形狀與符號，這些都可以刺激我們的聯想。有些符號有它特定的含意（比方說「愛心」的符號），但是也有好多符號比較抽象，可以任由我們來發揮想像。

◆比方說，圓形，會讓你聯想到什麼呢？滿月、鏡子、銅鑼燒、哆啦A夢、零分、告示牌、茶墊、眼鏡框、針線盒……；看到三角形又會讓你聯想到什麼？三角尺、三角鐵、三明治、電梯上下標誌、告示牌、屋頂、金字

塔、雨傘……。這個故事就是從滿月圓圓的形狀來聯想的。

◆「觀賞」是一個很常用的詞，要在故事中用到這個詞很容易，比較困難的是要把「金幣」和「麵包渣」也一起用進去。在這三個詞中，「金幣」是圓的，所以很快就可以和「圓圓的滿月」扯上關係，最難的就是該如何處理「麵包渣」了。因為故事篇幅必須比較短小，所以我採取了這個處理，如果故事篇幅能夠比較長，我很可能就會採取另外不同的處理方式。

小朋友的作品

無渣麵包大懸賞

楊怡柔／宜蘭縣萬富國小六年級

正值失業的中年男子小馬，在街上漫無目的的走著，他冷眼看著這個世界，無心**觀賞**美麗的街景。

走著走著，他無意間看見一張紅色醒目的大海報，上頭寫：「徵——不會掉下**麵包渣**的超級麵包。成功者，賞賜**金幣**數枚」。小馬眼睛為之一亮，想起之前自己曾經學過如何做出好吃的麵包，他相信，只要多下一點功夫，這樣的事情應該難不倒他。

但是，有些細節他早已忘得一乾二淨。於是，他決定找多年不見的好友小寶討論。小寶是某間大餐廳的甜點師傅，所以找他商量應該是最恰當的。經過了幾天的討論和複習，小馬終於尋回那遺忘已久的麵包製作技巧與訣竅。在一次又一次的進步下，他終於在時間截止前，成功做出了不會掉下麵包渣的「無渣麵包」。

第二天一大早，小馬與高采烈的端著成品前往張貼海報的店家門前。小馬

懷著忐忑的心，用力推開玻璃門，慢慢的走向櫃台，將手中的麵包遞給老闆。

老闆拿起鋒利的刀子，在麵包的身上輕畫一刀，果真沒有掉下一丁點麵包渣。

小馬成功的通過考驗，得到了比賽冠軍。

託了小寶的福，小馬不僅拿到數枚金幣，還得到了一個「超級麵包師傅」的頭銜。後來他開了一家「無渣麵包」麵包店，經營得有聲有色！

管阿姨點評

怡柔的敘事很流暢，三個語詞聯繫得也還算自然，「無渣麵包」更是一個相當不錯的創意。

因為，一般麵包在拿和吃的時候難免都會有一點麵包渣，怡柔卻採取反向的思維，然後再以「製作一個無渣麵包」來作為整個故事的著力點，這麼一來，就會有主人翁學習製作「無渣麵包」的動機、過程和結果，整個故事就顯得相當完整了。

當然，如果怡柔是把「如何製作出一個無渣麵包」來作為故事的核心，那就又是另外一個完全不同的故事了。

4 氣味、願意、大驚失色

誤會

周末，媽媽有事，小毛一個人去上才藝班。上了捷運，他坐在一個小女孩的旁邊。

小毛一坐下來，立刻就聞到一陣很好聞也很熟悉的**氣味**。他嗅了一下，確定味道是從旁邊這個女孩子的身上——嗯，應該說是頭上——所發出來的。現在他知道了，這個女孩所用的一定是跟媽媽一樣的洗髮精。

「你是不是用——」小毛脫口而出，但是一開口就後悔了。

「什麼？」女孩轉過頭來問道。

小毛只好尷尬地問完自己的問題。女孩笑笑，說聲「是啊。」果然是同一個牌子。

不久，小毛又注意到女孩拿了一個和自己同樣的提袋。一問之下，居然真的也是要去同一家才藝班上課。嘿，這真是太巧啦。

「你是哪一班？」小毛問。

「和你同一班。」

「什麼？」小毛**大驚失色**，看看女孩，完全沒印象啊。想想只好硬著頭皮再問：「你叫什麼名字？」

「袁小雨。」

「什麼？——怎麼寫？」

「袁世凱的袁，大小的『小』，下雨的『雨』。」

現在，「小雨」這兩個字小毛是聽清楚了，但是——

「什麼ㄩㄢˊ啊？」

小雨又說了一遍。

小毛還是沒概念，「你說的這個人是誰？很有名嗎？」

小雨乾脆把本子拿出來，讓小毛看看自己的名字。

「哇，你的字寫得好漂亮喔。」小毛打心底的佩服。

小雨有些得意地說：「從小練出來的啦，現在就算是在白紙上寫我也可以，因為以前在白紙上我都是先打了格再寫，這樣寫久就習慣了。」

「打了嗝再寫？」小毛一點也聽不懂小雨在說什麼。不過，他不敢問，免得小雨會覺得自己很沒常識，什麼都要問。

「我怎麼覺得好像沒看過你？」小毛忍不住又把話題兜了回去。

「可能是因為我只上過一次課，」小雨笑笑，「我倒是認識你。」

「是嗎？」小毛覺得有些受寵若驚。

其實，小雨是因為小毛在上課的時候老是答非所問，她才會有印象的！

小毛覺得小雨的人很好，也很可愛，他真**願意**再多聊一會兒，只可惜坐了四站就到站了。

過了幾天，小毛突然問媽媽一個怪問題：「你們女生都喜歡怎樣的男生啊？」

媽媽笑著說：「喲，才四年級就會問這種問題啦？這個嘛——說不上來，反正投緣的就好啦。」

「頭圓的？」小毛摸摸自己扁扁的後腦勺，不禁暗暗著急地想著，「完蛋！那我豈不是永遠都找不到老婆了？」

管阿姨的心得交流站

◆中文中有很多的同音字，以「ㄩㄢˊ」為例，就有元、原、園、緣、援、源、袁、猿、垣……這麼多字，所以如果只講一個「ㄩㄢˊ」，別人不知道你是指哪一個「ㄩㄢˊ」，必須要講一個詞，「元旦的『元』」、「原來的『原』」、「花園的『園』」等等，人家才能確定你到底是指哪一個字。

◆就是因為中文中有這麼多的同音字，由於同音所產生出來的誤會就很多。

還有諧音，想想看有多少綽號都是針對諧音（或同音）來聯想？這確實是一種很有趣的聯想方式。

◆這個故事就是以同音字來做聯想和發揮。在三個語詞中，我先決定好「氣味」是什麼氣味，這等於也就是決定了整個故事的方向（如果是想講食物的「氣味」，那就一定是完全不同的故事），接下來另外兩個語詞就很好安排了。

◆此外，一般來說，我們口語表達的機會（就是用說的）總是比較多一些，在和別人溝通的時候，如果你腦袋裡的語詞太少，就很容易阻礙你的聯想。就好像如果不知道「袁世凱」是何許人也，聽到「袁世凱的『袁』」這樣的說法，你就無法理解。所以，還是要努力增加自己的詞彙量，才不會老是牛頭不對馬嘴啊。

小朋友的作品

我的綽號

顏毓寬／新北市新店區北新國小六年級

記得剛升上五年級時，第一天走進新教室，聞到一種很特別的**氣味**，像油漆混和木頭的味道，令人心神不寧。看到身旁不認識的老師、同學，也覺得很陌生。整個感覺很不自在。好在，老師很快就和同學打成一片，但是可能因為我很怕生，所以一直跟同學不是很熟。

直到有一次，情況終於改變了。有位同學下課後老愛邊跳一種奇怪的舞邊唱歌，歌詞好像是：「是這樣，是那樣，小——波！」。他看我一直盯著他，就問我願不**願意**跟著他照做一次，其他同學看到我在跳，就給了我一個新綽號

「小波」。

不知是不是因為「小波」是《天線寶寶》裡的一隻，被叫「小波」後的我，變得很開朗愛耍寶，同學才發現我內心是一個這麼外向的人，我漸漸交到很多朋友，一起開心笑鬧，一起被老師罵，那段時光好快樂。

有一次我們班的人一起出去親子旅遊。導遊哥哥知道我的小名叫小波，就叫我媽媽「波媽」，我爸爸當然就是「波霸」。我爸聽了**大驚失**

色，其他人卻快笑破肚皮。

現在我快畢業了，才知道和朋友玩得不亦樂乎的那段時光是多麼的難能可貴。希望以後我還能遇到像這樣的好朋友，這樣的好班級，希望我的前途可以一片光明。

管阿姨點評

這篇作品寫得很真實，也很自然，感覺得出來應該是小作者毓寬從自己的生活中去尋找適合的素材，然後再加以運用。三個語詞與文章的聯繫也很好。尤其是「氣味」一詞，放在一開場，並且聯繫上稍後的「心神不寧」一詞，正好可以襯托出主人翁剛到一個新環境時那種忐忑的心情，相當巧妙。

「我內心是一個這麼外向的人」、「一起開心笑鬧，一起被老師罵」等話語也充滿了童趣，相當可愛。讀這篇作品會感覺到毓寬一定是一個性格開朗、非常陽光的孩子，所以，有的小朋友可能會覺得被同學取綽號是一件非常討厭、令人煩惱的事，可是對於毓寬來說卻反而成了一個和同學們拉近距離的好機會。

5 依賴、短暫、麻煩

牡丹

小王是一個很**麻煩**的人。他的規矩太多啦。

比方說，剛剛認識了什麼女孩子，他馬上就要查人家的星座和血型，出差他要看日子（如果日子不好又不得不出差，他就會一路嘀咕），租房子從來不肯租四樓，如果碰到十三號星期五，他是打死也不肯出門的等等。

規矩這麼多的一個人，當然總是交不到女朋友。小王每次的戀情都很**短暫**，因為每次都是不出三個月，當人家一發現原來他這麼麻煩、這麼毛病，就馬上都嚇跑了。

最近，小王認識了一個女孩子，兩個人在一起吃過兩次飯，小王感覺得出來女孩對自己好像不是太有興趣，但是他卻對女孩很有興趣，只是還找不到什麼好機會來討好她。

這天，居然在捷運上巧遇，機會來了。小王問女孩要去哪裡，女孩說要去上畫畫課，說自己剛剛開始在學國畫。小王馬上裝出一副文藝青年的模樣，纏著要看女孩畫的畫，女孩本來不願意，好不容易拿出來了，小王就拚命猛誇一通（其實他根本看不出個名堂！但是他一直深信很多人都是**依賴**著讚美而活的），嘿，這招果然有效，看得出來女孩聽了，心裡還是很高興的。

突然，小王想到一個好點子。「對了，我最近剛搬家，有一個地方很想掛一幅畫，而且怎麼這麼巧，我就想掛一幅牡丹，你幫我畫一幅好不好？」

「我？我不行啦。」女孩連忙推辭。

「別客氣，你很有天分啊，畫得這麼好！我就想要這樣的牡丹，真的！我會跟你買的……」

小王的迷湯一碗接著一碗，最後，女孩終於妥協了，「好吧，我試試看，畫不好就算了喔！而且我畫不了大幅的，只能畫小小的。」

「沒問題！我就要小小的，不過，我想拜託你幫我畫十八朵牡丹。」

女孩心想，也好，就當作是多多練習吧。

女還不知道，其實小王的意思是，「十八」可以念作「么八」（很多人都

會把「一」念作「么」，「八」念作「發」），那麼「么八」不就是「要發」了嗎？

沒想到，後來女孩因為經驗不足，畫著畫著位置就不夠了，所以，她畫不了十八朵，只畫了十四朵，那——豈不是就變成「么四」——「要死」了呀！

管阿姨的心得交流站

◆我們上一次說的是根據諧音可以產生很多聯想，其實，根據數字再配上諧音，也可以有很多聯想。

◆每年過年的時候，關於這些數字的聯想是最多的了。譬如，一元復始、兩全其美、三羊開泰、事事如意、五福臨門、六六大順……還有哪些呢？這些數字的諧音都是為了討個吉利，所以都是盡量往好的意涵去聯結。

◆有些數字，譬如「十三號星期五」、「七七（七月初七）」、「三八（三月八日）」、「八八（八月八日）」又因為擁有特定的意涵，會讓人一看就很容易產生聯想。

◆每次三個語詞，往往第一個想用的語詞就會決定了故事的走向。比方說，如果把「依賴」作為著力點，很可能接下去的聯想就是有一個人（或是一個動物、一個玩具等等），很依賴某一個什麼人（或是動物、東西，或是某種習慣之類）；如果把「短暫」當成著力點，可能就會這麼想，有一個短暫的假期、或是什麼東西的壽命很短暫之類；而這個故事我是用「麻煩」作為著力點，那接下去的聯想自然就會變成要先去「解釋」，有一個什麼人、或什麼事情很麻煩……，然後我再配合有關數字的諧音，就有了這個小故事。

◆我的意思是，我們每一個人的思緒都是很飄忽的，都是捉摸不定的，所以在創作的時候一定要先抓到一個點，有了這個點，就形同有了一個著力點，這才可以接下去做進一步的聯想。

小朋友的作品

城市小孩卡爾的鄉下之旅

杜元椿／新北市水源國小六年級

暑假到了，住在城市裡的小孩卡爾整天無所事事，只知道在家裡吹冷氣、看電視，不過事情起了轉變……

卡爾的爸媽有事要出遠門，要把卡爾送到爺爺那兒。爺爺家在山上，不但沒冷氣、沒電視，連一台電風扇都沒有，雖然只是**短暫**的十天，對總是**依賴**爸媽的卡爾來說簡直是酷刑，不過第二天卡爾還是出發了。

爺爺家很遠，要開兩個多小時的山路才能到，一路上鳥叫蟲鳴此起彼落，松鼠、野鹿夾道歡迎，不時還有山羊經過，還有好多卡爾沒看過的動物、植物。卡爾在黃昏時到了爺爺家，爺爺熱情的歡迎，卡爾在看完美麗的夕陽後開始和爺爺共進獨特的晚餐；有不知名的野菜、野菇，還有爺爺養的放山雞，這讓卡爾對爺爺留下了不錯的第一印象。

但第二天一大早卡爾就被爺爺叫起來種菜、餵雞還有打獵，卡爾從來沒做過這些事，因此動作笨手笨腳的，但爺爺還是很有耐心的教卡爾訣竅，卡爾為自己帶來的**麻煩**感到十分自責，因此暗地裡非常努力的練習。

幾天過去了，卡爾也漸漸習慣叢林生活，甚至愛上大自然，但飛逝的時光，轉眼間就來到卡爾必須回家的時刻，卡爾在上車前不只向爺爺告別，還和大自然的青山，綠水一一道別。他突然發現，他的世界變寬、也變大了，從此不再只是玩電腦看電視，還學會跟大自然的小蟲、花兒做朋友，說悄悄話。原來，大自然才是更大型的遊樂場，豐富、有趣，而且永遠玩不膩。

管阿姨點評

這篇作品，雖然一讀了開頭，就已經可以預知下面的劇情，猜得到主人翁卡爾，最後一定會喜歡上了在鄉下跟爺爺在一起的生活，但是預知結尾並不影響作品的精采，就好像我們不會因為明明知道好人最後一定會打敗壞人就不去看某些電影一樣，「過程」還是很重要的。

元椿就把這個「過程」處理得很好。經由元椿的敘述，我們可以看到一幅美好有趣、有滋有味的鄉下生活的畫卷，相當不容易。

不過，有一點需要咬文嚼字的地方是，題目明明是說「鄉下之旅」，野菜、野菇、放山雞，感覺上也都還很像鄉下，可是「第二天一大早卡爾就被爺爺叫起來種菜、餵雞還有打獵」，怎麼會突然出現了「打獵」，這已經有一點點怪怪的了，到最後竟然又出現「幾天過去了，卡爾也漸漸習慣叢林生活」這樣的字句，「鄉下」竟然變成「叢林」了，這好像就有一點太過誇張啦，畢竟「鄉下」和「叢林」這兩個語詞所代表的可是兩個完全不同的概念啊。

6 顏色、增添、喜出望外

漂亮的鳥巢

鳥媽媽想要做一個特別的鳥巢，來準備迎接即將要誕生的小寶寶。

首先，她希望能在**顏色**上做一點變化。一般的鳥巢總是棕色的，鳥媽媽覺得那實在是太普通了，她希望能為自己的鳥巢**增添**漂亮的色彩，將來

每當自己要回家的時候，大老遠就能看到自己的家。在鳥媽媽的想像中，那種大老遠就能看到自己家的感覺一定很棒。

主意打定，鳥媽媽就開始去找材料。她飛過好多地方，在好多地方停留，終於覺悟到一件事，怪不得所有的鳥巢都是棕色，這是因為所有的樹枝都是棕色的嘛。但是，鳥媽媽並不放棄自己的想法，而是——她決定要放棄樹枝，而去尋找其他可以代替的材料。

鳥媽媽準備要安家的大樹，就在一所小學的校園裡頭。這天，她東飛西飛，東找西找，終於，眼睛一亮，**喜出望外**，她感覺自己可能找到適合的材料啦！

不過，那個地方，老是擠著一大堆的小朋友，鳥媽媽費了好大的勁，花了好多好多的時間，終於一點一點的收集了好多好多的材料。這種材料，鳥媽媽

也不知道是什麼，只覺得有一點軟又不太軟，有一點硬又不太硬，有好幾個顏色，有橘色、黃色、藍色和紅色。鳥媽媽心想，可惜還差幾個顏色，否則也許她還可以按照彩虹的顏色，做一個「彩虹鳥巢」呢。

鳥媽媽辛辛苦苦的工作了好幾天，終於做成一個漂漂亮亮的鳥巢，而且她試了幾次，真的大老遠就能看到。

但是，鳥媽媽沒有想到，這也意味著別人也可以輕易就發現她的鳥巢。

鳥巢落成的第二天，鳥媽媽一回來，就發現自己的鳥巢被偷了！再往下一望——咦，下面那個小男孩手上拿著的不就是自己的寶貝鳥巢嗎？

小男孩正在高興的想，好漂亮的一頂王冠，如果我送給她，她一定會很喜歡。

鳥媽媽正想衝下去找小男孩理論，有一個人也發現小男孩手裡拿著的「王

冠」了，並且馬上大叫起來：「喂，最近我們福利社裡的吸管掉了好多，是不是都是你拿的？」

吸管？鳥媽媽這才明白這種新式材料的名字。

不過，她不打算再做了，因為她現在才知道，如果鳥巢能這麼輕易就被發現，實在是很不安全啊。

管阿姨的心得交流站

◆顏色，往往很能刺激我們的聯想。比方說，想到黑色，我們會想到夜晚、黑熊、黑豹、蝙蝠、蝙蝠俠……，想到紅色加綠色，會想到聖誕紅、聖誕樹、聖誕老公公的衣服……

◆顏色，還會有心理上的暗示。比方說，看到紅色、黃色、橘色等暖色系會讓人覺得溫暖；看到白色，會讓人感到聖潔，所以新娘禮服都是白色的，或是權威，譬如醫生穿的白袍；心理學家甚至說，藍色最能刺激生產力，所以難怪工廠的工人會普遍穿藍色的衣服，還被稱為「藍領階級」。

◆「白領階級」——則是指坐辦公室的人，因為一般坐辦公室的人（特別是男士），都是穿著白襯衫，打著領帶，再套上西裝。後來，女性上班族愈

來愈多，而且很多女性在工作的時候也都是穿著西裝式的套裝，感覺上好像比較專業，這麼一來，儘管她們的襯衫也是白色的，但是又有了一個新的名詞，叫作「粉領階級」。

◆ 諸如藍領、粉領或是「金領」，顏色又有了文化上的意涵。就比方說「金領」，因為黃金是黃色的，而金色就是黃色，所以「金領階級」就是代表收入很高的上班族。

◆ 顏色既然可以有這麼多心理上以及文化上的意涵，從顏色來聯想，也是刺激靈感的一個好辦法。這個故事就是從鳥巢的顏色開始的。「顏色」剛好也是這次的三個詞語之一，從這個詞切入，另外兩個詞就只要隨著故事的情節放進去就可以了。

小朋友的作品

七彩七胞胎

盧冠穎／台北市三民國小六年級

有一天，天庭誕生了七胞胎，可愛的模樣，非常討人喜歡。可是說也奇怪，他們走過的地方，都會留下紅、橙、黃、綠、藍、靛、紫七種**顏色**，把到處都弄得髒兮兮的，讓天神煩惱不已。於是他們決定開會，討論應對的方法。

開會時，有一半的人認為七胞胎應該被逐出天庭；一些人認為他們應該一輩子坐著輪椅，不要讓腳碰到地面；但也有人覺得應該給他們一次機會。經過激烈的討論之後，決定設置一個塗鴉區，讓他們用腳畫出美麗的圖案，如果眾神不滿意，就把他們逐出天庭。

七天後，當天神們來到了塗鴉區，看到七胞胎不但畫出美麗的圖案，配色也非常完美，真是**喜出望外**、驚訝不已，於是決定讓他們繼續留在天庭，為死氣沉沉的天庭**增添**活潑的色彩。七胞胎聽了非常高興，希望自己能在天庭裡好好的表現，一輩子作畫。

剛開始，他們興致勃勃，幾乎每個禮拜都要畫一幅畫。但年復一年，日復一日，他們開始覺得無趣，但又怕被逐出天庭，還是得繼續畫，所以每天都心不在焉，很想逃離這個工作。

天神們看見了，也覺得不忍心，便提議：「以後，只有在天神傷心流淚時，你們才需要畫圖，來撫慰我們的心靈。」七胞胎很高興的接受了。從此，只要是下雨過後，天空就會出現一道彩虹，那就是七胞胎的傑作。

管阿姨點評

這實在是一篇很不錯的作品，冠穎不僅將三個語詞聯繫得相當自然和完美，故事本身也是一個很棒的童話——有難題，有轉折，有高潮，最後解決難題的辦法也很可愛，並且還很說得通，很能讓讀者打心底的接受，實在是不簡單，冠穎真的很有天分！

用童話角度來解釋大自然的諸多現象，是很多神話、傳說、民間故事、乃至現代作家所創作的童話作品中常見的一種構思，不過，很可能因為冠穎本身是小朋友，所以冠穎所創作的這篇作品還是能夠與前人類似的作品不同，而寫出一種獨特的童真和童趣。

6 顏色、增添、喜出望外

7 應有盡有、列車、叼走

忘了自己的狗狗

「看哪，那隻狗狗看起來真像玩具。」

在公園的一張長椅上，兩個媽媽帶著她們的寶寶正在晒太陽的時候，一隻看起來活像是一隻絨毛玩具的狗狗經過她們的面前，引起了她們的注意。不過，她們對這隻有趣的狗狗也只不過是多看了幾眼而已。

只有其中一個媽媽的大女兒，這是一個還不滿三歲的小女孩妞妞，她本來是正在挖沙的，一聽媽媽說到「狗狗」這個詞，馬上抬起頭來。當她一眼看到那隻狗狗，馬上就受到強烈的吸引，一直緊緊盯著狗狗，眼看狗狗快要走遠了，她好著急，趕緊站起來邁著蹣跚的步伐也跟在後面。

「真的好像玩具啊。」妞妞心想。她還不大會說話。

妞妞有很多很多玩具，多得可以用「**應有盡有**」來形容，她也有幾個絨毛玩具，但都不是狗狗。

在這個沙坑區的另一端，是一個孩子們的遊樂區，有一個可以讓孩子們鑽來鑽去的紅色的火車頭，後面還跟著四節黃色的車廂，車廂外面還寫著紅色的大大的「歡樂**列車**」四個字，剛好一節車廂寫一個字。

那隻長得像玩具一樣的狗狗看到這個火車造型的遊樂場，看到好幾個小孩正在裡頭玩得不亦樂乎，忽然一下子就愣住了。

「奇怪，我怎麼覺得這個火車這麼眼熟啊……」狗狗心想。他甚至覺得自

己好像——好像——還坐在上面過？而且是自己一個人坐在一節車廂裡？——這怎麼可能呢？這是怎麼回事啊？

狗狗想呀想呀，忽然——他明白了。

一明白過來，他就不會動了。

這時，妞妞過來了，驚奇地望著倒在地上的狗狗。

「哎呀，原來真的是一個玩具呀。」她好高興。

就在妞妞已經彎下腰，伸出小手，打算把玩具狗撿起來的時候，忽然，一隻狗狗很快地跑了過來，而且還一口就叼起玩具狗，馬上就跑走了！

原來，這個玩具狗是被主人不小心遺忘在公園的角落，當他一覺醒來，忘了自己是一個玩具，於是就像一隻狗狗一樣地走了起來，直到他想起玩具火車才想起了一切。**叼走**他的狗狗是主人家的小白。

妞妞被嚇得大哭。媽媽及時趕到，一邊安慰一邊責備：「怎麼了？你把媽媽嚇死了，怎麼一眨眼就不見了！」

妞妞哭哭啼啼，想要告訴媽媽但是又講不出來，只會一直說「狗狗」，眼巴巴地看著那個玩具狗被叼走。

妞妞心想，有一天，她一定要把這個事情告訴媽媽，讓媽媽知道她們真的遇到過一隻會走路的玩具狗。

管阿姨的心得交流站

◆ 玩具，往往也很能激發我們的聯想。

◆ 在這三個語詞中，「叼走」是動詞，一看到這個詞，好像很自然地就會想，這個故事似乎不免一定會出現狗狗。（不知道小朋友會不會有別出心裁的點子？）

◆ 一看到「應有盡有」這個詞，我又立刻聯想到我們家的玩具真是應有盡有（想來我真的給兩個兒子買太多啦！），如果把「應有盡有」朝玩具方向去聯想，而故事裡又要有狗狗，那麼，出現「玩具狗」這樣的角色似乎就是很自然的了。如果不是玩具「應有盡有」，而是衣服應有盡有，或是書籍應有盡有、菜肴應有盡有……那就又是不同的創作方向了，是不是？

◆最後，是關於「列車」這個詞，我覺得把它用在故事場景會比較好。畢竟我一開始的思路就是朝著玩具這個方向去聯想，而且確定了主角玩具狗狗是主要的人物，當然，如果把故事場景設定在一個家庭裡，讓玩具火車和玩具狗狗都成為主要角色，那也可以發展成另外一個完全不同的故事。你看，一個故事的完成，中間其實是有很多的可能性，也一定會經過很多的考慮，才會逐漸成形的。

小朋友的作品

恐怖列車

林怡青／台南市佳里國小五年級

在一個懶洋洋的星期天早晨，「快樂街」上像是在沉睡似的，四處靜悄悄的。只有一戶人家不時傳來陣陣嬉笑聲，仔細一瞧，原來是小松鼠一家啊！

小松鼠一家決定在今天搭「恐怖**列車**」到城裡大採購；「恐怖列車」是「快樂街」的動物所取的稱號。這部列車是他們鎮上唯一通到城裡的交通工具，因為途中會經過一些恐怖地帶，又有大鳥突襲，所以被稱為「恐怖列車」。

一大早，小松鼠家就開始準備了，他們大家心裡都想：「希望等一下坐車

不要遇到危險，要不是我們這裡太偏遠，沒有什麼賣場，我才不想去呢！」雖然大家心裡都百般不願意，但還是膽戰心驚的坐上車了。幸好松鼠媽媽聰明，知道大鳥要到正中午才會出現，所以去到城裡的路上都還平安。

一下車，大家就急忙奔向賣場。進到賣場裡頭，商品**應有盡有**，讓他們忘記剛才的緊張，開始大「血拚」！只不過松鼠們玩得太盡興，忘了時間，所以坐上列車時已經是下午了！可能會有大鳥來攻擊呢！

回程的路上，大家都睏了！所以松鼠全家睡得東倒西歪，根本不管會不會遇到危險；忽然一陣高分貝尖叫傳來，松鼠全家頓時清醒，原來他們遇上了邪惡的大鳥！大鳥不停用尖嘴敲破玻璃窗，想要**叼走**松鼠爸爸手中的食物，正在危急時刻，列車加速行駛，躲過大鳥的攻擊，飛快的回到了鎮上。

經歷這次的遠行，小松鼠一家都心有餘悸，並且發誓一年內不再搭那恐怖的列車！

管阿姨點評

為了購物（shopping，很多人都喜歡按發音戲謔性的翻譯成「血拚」），還得冒著危險、坐著恐怖列車，怡青小朋友這番設想還真有趣！有一種渾然天成的一語雙關似的效果。（其實，我覺得「血拚」確實是滿恐怖的，特別是對那個要一直跟在後面付帳的人來說！）

不過，我覺得既然稱之為「恐怖列車」，照目前的情節看來，好像還不怎麼恐怖，至少，因為「血拚」很累，松鼠一家居然也就可以照樣在車上呼呼大睡，既然還睡得著，就顯得好像也並不怎麼恐怖嘛，這麼一來，就會讓人感覺到「列車」這個詞似乎用得還不是很自然。

8 流暢、淘汰、筋疲力盡

意外

一群盔甲戰士在寶寶的房間裡已經纏鬥了快一個下午。按照慣例，他們分為兩隊，一隊是好人，一隊是壞人，兩隊打來打去，都打得非常認真，也非常**流暢**。他們都是寶寶的寶貝玩具，非常清楚寶寶喜歡看什麼樣的效果；一會兒好人全部被壞人打翻在地，盔甲四處亂丟，一會兒壞人又全部被好人從床鋪上拋到地板上，落地的時候手上的武器還全部都散了。

終於，到了吃飯時間，除了好人隊長以及壞人隊長被寶寶帶去吃飯以外

(因為當媽媽在餵寶寶吃飯的時候，寶寶還總喜歡讓兩個隊長單挑），其他的玩具待在寶寶的房間裡，都覺得**筋疲力盡**。

一個戰士抱怨道：「真搞不懂這些小孩子，鬧了一下午，我們玩具都累死了，他怎麼都不累啊！」

「是啊，」另一個還在四處找寶劍的戰士也說：「他哪來的精力啊？聽說他好像也不怎麼需要加油？」

他的意思是說，聽說寶寶總是不怎麼肯好好吃飯。

過了好一會兒，兩個隊長回來了。寶寶把他們往床上一放，就開始拿了一個紙盒，把一些盔甲戰士陸陸續續往裡面放。這些戰士都覺得一頭霧水。直到寶寶被媽媽叫去洗澡，暫時離開房間的時候，兩個隊長才宣布了一個重大的消息：「完了！完了！你們都要被**淘汰**了！」

「什麼？」已經被放在紙盒裡的戰士們都覺得非常震驚，連連追問道：「為什麼？我們做錯了什麼？」

好人隊長說：「沒什麼，這就是我們玩具的命運，舊了就要被淘汰，認了吧！」

壞人隊長也說：「他們要把舊玩具捐掉，就是這麼回事。」

戰士們看兩個隊長說得那麼不痛不癢，都很傷心；大家都知道，兩個隊長說得跟沒事一樣，還不是因為看準了他們自己比較新，知道寶寶一定不會把他們捐掉。

「這兩個傢伙，好沒感情喔！」一個戰士說。

另一個戰士則說：「沒關係，好歹我們都還在一起，以後就讓他們兩個天天都去單挑好了。」

然而，事情的發展卻大大出乎了大家的意料；後來，寶寶竟然把所有的盔甲戰士又統統都從紙箱裡拿出來，留下來，反而把兩個七成新的隊長給捐掉了！

為什麼呢？原來，媽媽說捐掉的玩具如果太舊的話恐怕會傷人家的自尊心，所以慫恿寶寶把兩個隊長捐掉，並允諾寶寶等過年的時候一定會給他再買兩個新的！

管阿姨的心得交流站

◆這三個語詞，我一看到「淘汰」這個詞，馬上就想到「玩具會被淘汰」，然後似乎又是很自然的馬上又想到《玩具總動員》的卡通，從第一集到第三集我統統都看啦，而且因為買了DVD，已經都不知道看了有多少遍了。

◆卡通，確實很能激發和刺激我們的聯想。我總覺得喜歡看卡通的大人一定都是可愛的大人，首先他們一定都是很有童心，其次也一定都是頗有想像力，才能欣賞卡通裡很多好玩的地方。

◆在寫作的時候，不管你是想寫童詩、童話或是記敘文，其實從卡通裡很能得到一點啟發。想想看，卡通裡有一個很重要的元素、一個經常被使用的元素，是什麼？應該就是「誇張」吧！

◆誇張，也是文學中一個很重要的元素。你看李白的詩，「黃河之水天上來……」，很多很多都是極盡誇張之能事啊。還有很多的成語故事，「一目十行」、「門可羅雀」、「葉公好龍」等等，不是也都很誇張嗎？

◆誇張，往往也就是想像力極為奔放的意思。這一點，常看卡通的人一定都會深有體會！

◆回頭再說一下管阿姨寫這個故事的思路；既然決定了玩具要被「淘汰」，那麼接下來該如何用到「流暢」和「筋疲力盡」，我自然就聯想到是玩具打架了。想來這一定也是因為我有兩個兒子，這種場面實在是看多了吧。

小朋友的作品

我從運動中所了解的一件事

蔡碩人／花蓮市花崗國中一年級

運動不外乎就是動與流汗，每當我運動完休息時，便能感受到一股**流暢**又爽快的感覺，而且它還能給我一些學習上的能量，可說是兩全其美啊！

在我國小六年裡，曾經與同學們參加過許多體育競賽，除了可以發揮體能外，也可感受到同伴們合作與競賽中獲勝與**淘汰**的壓力，這在我的人生中占有一大片的回憶，至於**筋疲力盡**的那種感受倒是沒有，因為運動並不會讓我感到

疲累，反而會刺激我的興奮之心。

在我升上國中的今年，我的很多長輩都會告訴我要多運動才會長高，確實，我這一年從一百五十公分長至一百六十公分，這千真萬確被長輩說中，所以運動對我來說也能成為生活必須品了。

運動除了可以控制健康外，還可作為調解壓力的一個方法，流汗、流汗，還是流汗是可以用來詮釋運動的特色，它帶給我們這些好處，但真正去實踐的人卻是你自己。

管阿姨點評

在這篇作品中，碩人把三個語詞聯繫得很自然，讓人讀完之後會有一種感覺——對呀，這三個語詞本來就是應該講運動的嘛！

不過，就整篇文章來看，題目和內容這兩者之間的聯繫似乎就不夠緊密；題目說「我從運動中所了解的一件事」，所指的到底是哪件事呢？是運動會帶給我們很多好處嗎？大概是這個意思吧，但是一路讀下來語意卻不是很清楚。

有一些措辭也需要再斟酌，比方說，把運動形容成是「生活必須品」就並不合適，因為「運動」是一件事，並不是一個東西，運動用品（譬如說籃球、棒球手套、乒乓球拍等等）才可以說是「生活用品」，甚至是「生活必須品」。

8 流暢、淘汰、筋疲力盡

9 神祕、預料、答案

兩個影迷的對話

爸爸已經差不多一年沒有回來了，自從媽媽一宣布放假要全家去巴黎看爸爸，順便在巴黎玩幾天以後，小莉和姊姊都樂壞了，每天晚上臨睡前，姊妹倆都要興奮的嘰嘰咕咕老半天才肯睡覺。

姊姊說：「巴黎耶！聽說這是全世界最浪漫的地方，這次旅行一定會很棒！」

是啊，好多浪漫的文藝片都是在巴黎拍的。

「也或者會很驚險，」小莉說：「也許我們一到巴黎就會碰到壞蛋，或是什麼**神祕**人物……」

很多電影也都是這麼演的呀。

小莉繼續說：「也許剛到巴黎的第一天，你或者是媽媽就會被綁架……」

「喂，幹麼不說是你會被綁架？」

「因為在電影裡都是男主角的太太或是像你這麼大的女生才會被綁架，我還沒看過小學生被綁架的，小學生還很安全。」

「這是什麼歪理啊？」

「我們可能還會發現爸爸的祕密——」

「你胡說什麼？」

「我是說爸爸也許是一個情報員……」

也有不少電影是這麼演的啊。可是姊姊說：「哪有情報員的肚子會那麼大？碰到要抓壞人的時候怎麼跑得動？」

小莉想想，「那就算他是一個半退休狀態的情報員好了。或者，爸媽他們兩個都會因為這次的旅行找到他們的什麼**答案**。」

「一定是人生的答案。」姊姊也記得有很多電影的故事都是這樣。

「咦，對了！」小莉說：「我們也可能會找到什麼答案啊！比方說，我可能會碰到一個失散多年的雙胞胎，她一出生就被一對法國夫婦領養……」

這也是電影情節，不過，姊姊很快就說：「抱歉！沒可能，你出生的時候我記得很清楚，那個時候我都已經十歲啦，你沒什麼雙胞胎的，就你一個。」

小莉抱怨道：「哎呀，討厭，讓我想想不行啊……」

不用說，這對姊妹的電影看得還真不少。可惜，她們沒有**預料**到，爸爸的

公司臨時出了一點狀況，所以爸爸在放假前就早早的突然提前回來了，因此，媽媽說，法國之行取消，還是就到外縣市隨便玩玩吧，也好省點錢！

管阿姨的心得交流站

◆你喜歡看電影嗎？我超愛看電影的，而且，在我的生活圈裡，不騙你，在我所認識的朋友中，比較有趣、比較有意思、還有想像力比較豐富的人好像都是愛看電影的。電影真是人類文明史上一個了不起的發明！

◆很多電影都是根據原著小說所改編，像這樣的電影，我建議大家就算在看電影之前沒有看過原著，在看了電影以後不妨找時間看看原著，並且比較一下，因為電影是用影像說故事，有的時候固然可以豐富我們的想像（譬如把原著中許多不可思議的情節和場景做出來），但有的時候也會破壞我們的想像（譬如找了一個奇怪的演員來演書中我們所熟悉的角色）。還有就是由於時間的關係，電影總是不免會簡化一些劇情，還是看看原著會比

較好。

◆這樣的比較（同樣的故事比較一下文字和影像兩種呈現方式），對於我們分析「如何說故事」、乃至於刺激我們的聯想力都會很有幫助。

◆其次，當我們在寫作文的時候，也要練習先把你想要寫的這一件事（譬如一次旅行、一個活動、或如何失去一個心愛的玩具等等），試著先在腦海裡「演」一遍。好的作品都是很有畫面感的。如果你的腦海裡能夠有畫面，再按著這個畫面的節奏慢慢的寫，寫出來的作品讀起來就會讓人感覺到比較流暢，不會有那種跳來跳去、一會兒說這個一會兒又說那個的雜亂之感。我們常常讚美某某人的作品讀起來「行雲流水」，這個所謂的「行雲流水」，就是一種流暢的感覺啊。

小朋友的作品

南極探險之旅

黃季昕／宜蘭縣私立中道雙語小學六年級

希望探險隊是由三兄弟——大毛、二毛及小寶所組成的，他們可是出了名的糊塗，有一次甚至還在星期六跑到學校上學呢！不過，他們深信「三個臭皮匠，勝過一個諸葛亮」，因此組了探險隊，想實現成為探險家的願望。

他們計畫去**神祕**的白色大地——南極尋找可愛的企鵝。儘管三兄弟非常糊塗，卻很會分工合作，二毛負責開車；小寶負責坐在車頂上眺望遠方，尋找企

鵝的蹤跡；大毛則是記錄並拍下在旅程中所發生的事。

他們一路上除了幾隻海鷗，什麼動物也沒瞧見，還發現二毛和小寶忘了將午餐帶上車！大毛氣他們倆沒有事先列清單，二毛和小寶也不忘提醒哥哥，他是車上最輕鬆的，只要窩在暖氣旁動手寫字、拍幾張照片就好了，既不用開車，更不用在車頂上吹風受寒。三兄弟你一言、我一語的吵了起來，沒過多久就決定開車回帳篷。

回到帳篷裡，卻發現帶來的食物居然全被一掃而空！心灰意冷的他們只好就此搭飛機回家，但三人心中都浮現出相同的疑問——凶手是誰？難道會是企鵝嗎？他們完全沒有**預料**到今天會過得這麼不順利。

隨著飛機起飛，**答案**也慢慢出現在他們的眼前。三兄弟看到馬上破涕為笑，雪地裡一個北極熊家庭正在享用他們帶去的食物！原來，三兄弟出發時竟把方向搞錯了，那裡是北極不是南極！

管阿姨點評

這篇作品是一篇相當成熟、可愛的童話。小作者的構思相當周密。請注意，小作者在一開始就已經為整篇故事設下伏筆了——「他們可是出了名的糊塗，有一次甚至還在星期六跑到學校上學呢！」有了這樣的伏筆，當最後揭曉三兄弟原來搞錯了方向的時候，就顯得非常的合情合理。

在使用三個語詞方面，看得出來小作者對於要如何安排「預料」這一個詞，似乎頗費一番心思，但是最後呈現出來的效果很不錯。在整篇作品中唯一要吹毛求疵的是「凶手」這個詞用得不恰當；因為，應該是在發生了什麼凶案的情況之下，對於做案人我們才會稱之為「凶手」或是「凶嫌」的。

10 神氣、照例、不知所措

誰比較厲害？

終於等到可以出去觀光的日子了，漫畫館裡頭的超級英雄們譬如超人、蝙蝠俠、蜘蛛人、女超人等等，一個個都好興奮；這可是他們爭取了好久才終於得到的機會呢。

這些超級英雄們都很有愛心，責任感也超強。他們總是很不放心，很想看看外面的世界現在不知道怎麼樣了？所以，在出發的前一天晚上，一個個都興奮得睡不著。蝙蝠俠和羅賓為了收拾行李還弄到很晚才去睡；他們倆沒有超能力，全靠裝備，而裝備都這麼久沒用了，自然是要仔細檢查一番。

第二天正好是萬聖節，上面說選在這天讓他們出去比較合適，因為這天反正大家都是打扮得奇奇怪怪，就不會有人注意到他們。

超級英雄們一個個**神氣**兮兮的出發了。不過，一到外頭，他們很快就發現到有一點不太對勁，有一組人馬一直在盯著他們猛瞧。

羅賓首先說：「幾位叔叔阿姨，你們看，那些看起來跟我們很像可是又比我們帥、比我們酷的傢伙是誰啊？」

「不清楚，」蝙蝠俠羨慕的說：「他們看起來真的都好棒啊！」

那是當然，因為這些都是電影版的超級英雄哪，他們剛好也一起出來玩。電影版的無論是裝束或是行頭自然都比漫畫版的要炫多了，何況這些漫畫版的英雄都還是來自最早期的一批漫畫作品。

只有超人沒怎麼留意電影版的那些傢伙，因為他忙著東看西看，非常困惑的直嘀咕：「奇怪，怎麼看不到電話亭？幸好我今天是穿著正式服裝，否則如果我臨時需要換裝的話該到哪裡去換裝？」

在最早期的《超人》中，超人平常都是假扮成記者克拉克，需要的時候才跑到電話亭去換裝，可是現在幾乎人人都有手機，連公用電話都很少見，哪來的電話亭啊。

就在電影版的英雄們也注意到了他們，正想來跟這些「老土」們打招呼的時候，附近一座摩天大樓突然發生了火警！

「看哪！」女超人把手一指：「那裡需要我們！」

是啊，只要發生任何危險，就是超級英雄們大顯身手的時候。漫畫英雄們一個個都**照例**立刻挺身而出！

蜘蛛人在起飛之前，轉頭問那群電影版的英雄：「咦，你們不來嗎？一起去啊！」

「怎麼去啊？」這批電影版的超級英雄們一個個都**不知所措**，十分難為情的說：「我們是電影版，我們的本事全是靠電腦特效，我們哪有什麼辦法呀！」

管阿姨的心得交流站

◆這次的故事，是從「神氣」這個詞開始的；因為一看到這個詞，我馬上就想到了那些超級英雄，然後又想到，我們現在所熟悉的這些超級英雄其實最早都是漫畫人物。

◆很多影視作品都是來自於漫畫，漫畫確實很能刺激我們的聯想，更何況影視作品和漫畫有一點本質上的共通之處，那就是——它們都是靠著畫面在說故事。

◆以畫面來說故事，有長處也有短處；也就是說，雖然從表面上看來，好像比較能夠迅速抓住大家的注意力，但對於人物的內心世界則總是很難表現，而且如果剪輯得不好，畫面跳來跳去，敘述混亂，觀眾也會跟著看得糊里糊塗，搞不清究竟在說些什麼。

◆ 其實我一直不反對小朋友看漫畫，因為漫畫作品有好有壞，並不是所有的漫畫都是毒蛇猛獸、一無可取，不過，就算小朋友看的都是好的漫畫，我也要提醒大家，課外閱讀千萬不能只看漫畫，我們還是要多親近文字，要熟悉並且能夠掌握如何用文字來思考和表達。

◆ 有些小朋友在寫作文的時候，不知道是不是因為漫畫看多了，好像很受到漫畫的影響，思維總是跳躍式的，形諸筆端就總是東跳西跳，一會兒講這個、一會兒又講那個，而且不管講什麼還都總是三言兩語，感覺上內容就會很貧乏。這些都是我們在作文的時候必須注意的。

小朋友的作品

神醫

盤隨雲／杭州市翠苑中學文華校區初一

一個夏日的早晨，醫院的呼吸道門診室門前坐著一群候診的病人，他們有的在彎腰咳嗽，有的在困難地喘氣，有的在一個接著一個地打噴嚏。同樣的疾病困擾著他們，同樣的表情也寫在他們臉上：難受、痛苦、無奈。唯獨他——一個十三歲的男孩子——蛋蛋，笑嘻嘻地看著漫畫，臉上還帶著一絲喜悅，和其他病人迥然不同。

「四十九號！」醫生喊道。蛋蛋站起來，**神氣**地走進門診室坐在了醫生右側的病人座位上。醫生**照例**為他把脈，並說：「小朋友，感到哪裡不舒服？」

「我……」蛋蛋剛想說，就被醫生搶話：「不用說了，從你的脈象我就知道了，你的上呼吸道患有炎症，扁桃體腫大，痰多咳嗽，喉嚨痛癢，我沒說錯吧？」

「不，我……」醫生再次制止蛋蛋說話：「你現在不用說話，你的病全表現在你的脈象上了，我一把就清楚了。」

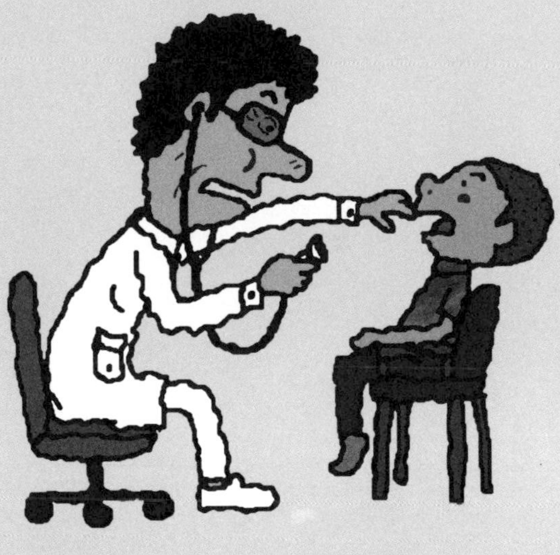

「不要小看這個呼吸道的病，如果嚴重了就會有感染下呼吸道的危險。到那時，你就得割掉扁桃腺，還要吃很多的藥。所以現在，你要少說話，照我說的去做。」醫生依然滔滔不絕，「你先去驗血，之後把化驗單拿來，我給你開藥。」

蛋蛋再也坐不住了，他跳起來大叫道：「我只是幫爸爸來拿藥的！」

醫生愕然地看著蛋蛋，**不知所措**。

管阿姨點評

這真是一篇相當成熟且相當精采的極短篇。

在有限的字數之內，隨雲營造出非常豐富的戲劇感，不僅有伏筆（一開場在候診室裡，其他的病人都是一臉難受，只有主人翁蛋蛋像沒事似的），有內在衝突（對於一些權威人士總是自以為是，只顧說、不肯聽的習慣做了犀利的批判），結尾（蛋蛋確實沒事，他根本就不是病人）也有一種既在意料之外、又在情理之中的效果。

三個語詞所嵌入的地方也都非常完美，簡直就是天衣無縫。

11 脾氣、責備、輕而易舉

張飛如何打岳飛

「有一天，張飛去拜訪岳飛，到了岳飛家，看到大門關得緊緊的，張飛覺得很奇怪，咦，難道岳飛不在家嗎？然後張飛就開始敲門。敲了好幾聲，都沒有人來應門，張飛的**脾氣**本來就很不好，很火爆，現在看到都沒人來給他開門，馬上就火冒三丈，抬起腳來，一腳就把岳飛家的大門給踢破，就在這個時候，岳飛出來了，看到張飛把自己家的大門給踢壞了，也很生氣，更氣的是，張飛還不道歉，反而還怪岳飛怎麼這麼慢才來開門，然後一拳就打了過來，岳飛很鎮定，不甘示弱，馬上接招，立刻就還給張飛一記飛腿……」

媽媽看到這裡，實在是看不下去了，火速把小寶叫來，**責備**道：「你怎麼可以這樣亂寫啊！」

「怎麼啦？」小寶還沒弄清楚發生了什麼事。

「我問你，張飛是什麼時候的人？」

「呃，古代人。」

「是三國時期啦，那岳飛呢？岳飛是什麼時候的人？」

「也是古代人嘛。」

「岳飛是南宋時候的人啦！你知不知道這兩個古代人生存的年代相差將近一千年啊？他們兩個怎麼打得起來？」

「哇，一千年！這麼久啊！」小寶自己也嚇了一跳。

媽媽下令道：「你趕快重寫！」

「哎呀，不要啦，」小寶哀嚎：「太麻煩了啦！你就當我這是『穿越』吧，現在很流行呢。」

「不行，一定要重寫。」媽媽很堅持。

「那——能不能用改的？」

媽媽覺得又好氣又好笑，「你能改才怪呢！」

小寶心想，怎麼不能改，一定能改的。他愁眉苦臉的回到書桌前，想了一會兒，又跑來問媽媽：「你說他們兩個相差一千年，那誰比誰老啊？」

「當然是張飛老啊，不對，應該說張飛在前面，因為三國時期在前面嘛。」

「這可真麻煩。」小寶嘟嘟囔囔的走開了。

原來，小寶本來的如意算盤是只要改一下開頭，改成「有一天，張飛做了一個夢，夢到他去拜訪岳飛」，這樣不就好了嗎？可是，如果張飛更古代，這樣寫就說不通了。小寶又想，那要不要改成「有一天，岳飛做了一個夢，夢到張飛來拜訪」，可是這樣念一念，好像也不大對勁，而且好像還得一路改下去，還是很麻煩。

「哎，有沒有簡單一點的辦法呢？」

小寶想呀想呀，嘿，終於想出了一個好辦法；只要在開頭加上一句話就行了，**輕而易舉**！

後來，媽媽看到小寶是這樣改的：「張飛在五指山下被壓了一千年，出來以後，他就去拜訪岳飛……」

管阿姨的心得交流站

◆這三個語詞，我是先從「責備」這個動詞開始設想，我得先想好到底要讓誰來責備誰？是要讓老師責備學生呢？還是讓爸爸或媽媽來責備小孩？還是……只要這個前提先想好，故事的大背景（甚至包括場景）也就差不多可以有個雛形了。

◆接著我得想好，如果是讓家長來責備小孩，那要責備什麼呢？既然我們這是一個跟語文有關的專欄，我很自然地就聯想到家長看小孩作文看到抓狂；這大概也是在很多家庭經常會上演的戲碼吧。

◆我們說「作文就是一個聯想的遊戲」，那麼該如何加強我們的聯想力？其實就是要養成「看」的習慣，看什麼呢？看人、看動物、看植物、看東

西、看大自然（這個「看」也是「觀察」的意思），但是最重要的當然還是要多看書。一篇作文，最重要的還是在於內容如何，只有多看書，我們才會有足夠的常識，一旦要用起什麼成語、典故之類也才會遊刃有餘，不至於張冠李戴，其次，多讀書才能刺激我們思考，培養我們獨立思考的能力，漸漸的擁有自己的想法，而這些想法還會自成一套系統。有了這些，作文就絕不會成為難題。

◆ 很多小朋友的作文經常會出現「張飛打岳飛」這一類的笑話，都是因為看書太少、常識不夠的緣故。

小朋友的作品

小螞蟻和熊先生

房婉瑩／湖南岳陽平江縣南江鎮中心小學五年級

在森林裡，熊先生是出了名的壞**脾氣**，大家都叫他烏雲先生，因為動物們把烏雲視為不好的兆頭。所以遇上烏雲先生是沒有什麼好事情的，有一次，一隻迷路的小螞蟻不小心鑽進了熊先生的家，熊先生就惡狠狠的教訓了小螞蟻一頓。

熊先生的脾氣就是這麼壞，熊太太**責備**他說：「你可不可以有一天不那麼暴躁呢？別人擠眉弄眼的嘲諷我時，我心裡多難受啊。」

熊先生羞紅了臉說：「好吧，我試試看。」他真的不想因為自己而連累太太。熊先生試著向小螞蟻道歉。

熊先生的話還剛說到一半，小螞蟻就氣的對他哼哼叫，這不得不讓熊先生又亮起了拳頭，但熊先生想到太太對他說的話，就情不自禁的哇哇哭了起來，把小螞蟻嚇了一跳，小螞蟻覺得熊先生此時真的好可憐啊，於是就去安慰他，說：「熊先生，是我不好啊，可是你不要這樣子哦，我很怕別人以為我欺負你，我正在參加『助人為樂』比賽呢。」

「小螞蟻，你真好，我以前那樣對你，你居然還對我這麼好。我可不知道怎麼樣才好呢。」兩人你一言我一語的就聊了起來。

沒想到，這時，正好熊太太和「助人為樂」比賽的負責人來了，而且又那麼巧的看到了他們，熊太太說：「你終於能夠脾氣不那麼暴躁了。」

「助人為樂」比賽的負責人也驚喜的說：「我本來是想讓大象當冠軍的，根本沒想到你這一隻小螞蟻居然可以改變我們赫赫有名的烏雲先生，真是了不起。」

說到這兒，烏雲先生，不，現在應該要叫他熊先生了，因為他已經改變了，不好意思的笑了笑。負責人接著說：「所以，我決定小螞蟻是冠軍。」

於是小螞蟻**輕而易舉**的拿到了冠軍，小螞蟻當然很激動，熊先生為小螞蟻歡呼了起來，然後說：「我邀請小螞蟻和整個森林的小動物們來參加我的生日。」

「你的生日？」三個人一起說。熊先生以前過生日時只有熊太太和他一起過，所以大家都不知道他的生日。於是熊先生委託大家幫他傳播這個消息。

三天後，熊先生脾氣不暴躁以及過生日的事就已經轟動了整個森林鎮。熊先生過生日時許的願望是「全世界都沒有壞脾氣的動物。」然後就吹熄了蠟燭，站到熱鬧的人群中開始跳舞。

管阿姨點評

感覺上，婉瑩在寫這篇作品的時候似乎有一點匆忙，或者說注意力都集中放在要怎麼樣把這三個語詞給用進去，所以對於故事的構思似乎還不是那麼周密，有些細節處理得比較馬虎，譬如「助人為樂」比賽的負責人說原本是想讓大象當冠軍，然後臨時起意又把冠軍給了小螞蟻，這段情節的安排就比較缺乏說服力，大象這個角色也顯得有點兒沒頭沒腦（儘管並沒有真正的出場）。在三個語詞中，「輕而易舉」這個詞用得好像也不是太自然。但是，這個故事的結尾卻非常的清新可愛，熊先生許完願望之後就吹熄蠟燭，「站到熱鬧的人群中開始跳舞」，營造出了一種非常熱鬧和歡樂的氣氛。

11 脾氣、責備、輕而易舉

12 假裝、簡單、茶杯

花朵茶杯

小芬有一個很可愛的外婆；她明明是一個大人，卻很喜歡玩一些小孩子玩的東西。

打從小芬有記憶以來，最常陪她在一起看卡通、看漫畫和玩遊戲的都是外婆。而且，外婆還總是玩得很高興，每次有人問她：「老玩這些小孩子的玩意兒，你不會覺得無聊啊？」外婆總是笑咪咪的說：「不會啊，我覺得很好玩啊。」小芬相信外婆說的都是真的，因為在玩遊戲的時候，外婆總是玩得很起勁，而在看卡通的時候，外婆常常笑得比她還要大聲。

小芬最喜歡跟外婆玩「扮家家酒」了。小芬有好多好可愛的小模型，什麼義大利麵啦、壽司啦、蛋包飯啦、牛排啦、聖代啦、奶昔啦、薯條啦，一個個都做得十分小巧可愛，有些是媽媽買的，有些是外婆買的，外婆也很喜歡這些小模型，還常常說：「我們以前哪有這麼多好玩的配件啊。」

「扮家家酒」可以說是小芬和外婆都最喜歡玩的一個遊戲了，所以每次不管到哪裡，小芬一定都會把這些「扮家家酒」的東西帶在身邊，隨時都可以拿出來跟外婆玩。

這天，一到露營區，當小芬一發現忘了帶那盒寶貝食物模型的時候，懊惱得不得了，連連嚷嚷著：「啊，怎麼辦？這樣怎麼玩啊？」

外婆看看小芬的小背包，趕緊安慰道：「別急，當然能玩，何況你還帶了

這些小鍋小碗啊。」

「可是沒有**茶杯**。」小芬說。每次在「飯後」，外婆都喜歡來一杯咖啡，再加一塊起士蛋糕，小芬則是喝一杯奶茶，再配一塊黑森林蛋糕。現在別說兩塊「蛋糕」沒帶，連茶杯都沒有哪。

「茶杯**簡單**，走，我們現在就去找。」說著，外婆就牽起小芬的手，帶她往回走。

「我們剛才進來的時候，我發現大門口那裡有好幾盆吊鐘花。」外婆說。

到了遊樂區大門口，外婆說：「我們只要找找看有沒有剛剛落下來的、還沒有完全枯萎的花朵就行了——你看，這裡就有一朵。」

外婆拿起那朵吊鐘花，把它翻過來，「你看，這不是一個很可愛的茶杯嗎？」

「外婆，你是說我們要**假裝**它是一個茶杯？」

外婆笑道：「『扮家家酒』本身不就是一個假裝遊戲嗎？」

於是，接下來，外婆和小芬就到處閒逛，到處收集他們所需要的各種「食物」；這些可都是最天然的食物呢。

管阿姨的心得交流站

◆看到「假裝」和「茶杯」這兩個詞，我馬上就聯想起「扮家家酒」這個遊戲來了。遊戲，各式各樣的遊戲，往往都很能激發我們的聯想力和創造力。有人說，「玩」對於孩子們是非常重要的，我是百分之兩百贊成這種說法。

◆很多遊戲的本質都是一種「假裝」，「扮家家酒」應該要算是一個最典型的例子了，而小男生們在一起玩「官兵抓強盜」、「好人抓壞人」、「正義軍團大戰邪惡帝國」等等遊戲的時候，不也是一種假裝嗎？玩遊戲，只要玩得起勁、玩得入戲，都要很會假裝，也就是說都要能充分發揮想像力。

◆現在這些食物模型固然很可愛，但是，如果沒有這些食物模型，難道就不能玩「扮家家酒」了嗎？當然不是的。在我小的時候，我們小女生在一起玩「扮家家酒」的時候，雖然沒有這些可愛精緻的小模型，可是我們可以把榕樹鬚當成炒麵，把小石子當成滷蛋，把幾片落葉當成是一道又一道的大餐，大家還不是照樣可以玩得很開心、也很投入，因為當我們在專心假裝，充分發揮聯想的時候，榕樹鬚在我們的眼裡就不是榕樹鬚，而就是一盤香噴噴的炒麵，其他的各式美味也是如此，所以在我們的「餐桌」（可能只是一塊大石頭）上，總是一應俱全，什麼都不缺。想像力永遠是最重要、同時也是最可貴的啊。

小朋友的作品

好玩的遊戲

張瑩貿／嘉義縣和興國小五年級

小註是一位好動的小男孩。每天下午，他都會和附近鄰居一起玩遊戲——官兵捉強盜。這天，小註**假裝**自己是「青天縣太爺」，其他人有些當官兵，有些演強盜，準備好之後，遊戲就開始進行。

一開始，官兵進來向縣太爺報告：「啟稟縣太爺，最近有一群頭腦**簡單**，四肢發達的強盜，到處為非作歹，結夥搶劫，請老爺指示。」這時，縣太爺拿起**茶杯**喝下一口茶後，隨即便說：「來人啊！」「屬下在！」「我派你們去逮捕強盜，抓到人犯，本府重重有賞！」「是！」一聽到有賞金，兵士們便迫不

及待開始行動。幾分鐘後，空曠的場地，頓時成了官兵捉強盜的戰場。強盜躲，官兵找；強盜跑，官兵追；強盜殺，官兵逃。

就這樣，抓來抓去，終於，強盜們個個都被繩之以法，帶到縣太爺面前。縣太爺喝道：「年輕不學好，淨做些傷天害理的事。來人啊！拖出去斬了！」「停！」一名強盜喊著。「我不玩了！媽媽叫我要回家吃飯了。」這時，小註對大家說：「真好玩，玩得汗流浹背，滿頭大汗，下次再來玩吧！」大夥齊聲說道：「好呀！」每個人都雀躍不已，紛紛期待下一次的遊戲。

管阿姨點評

這篇作品的題目叫作〈好玩的遊戲〉，讀來確實很好玩，充滿了童趣。尤其是「強盜躲，官兵找；強盜跑，官兵追；強盜殺，官兵逃。」這三個短短的句子，真是又生動又有節奏感，相當精采。

至於三個語詞，瑩資小朋友也都為它們分別做了很好的安排。「假裝」一詞是角色扮演；「簡單」一詞和「頭腦」一詞結合，變成「頭腦簡單」，用來塑造角色形象；「茶杯」一詞用來設計角色動作，很能表現出大老爺大模大樣的德行。三個語詞都用得很有趣，也很有意思。

這篇作品如果真要雞蛋裡挑骨頭，只有一個小小的問題。那就是，一開始已經說主人翁小註「是一名好動的小男孩」，而且還假裝自己是青天大老爺，

可是青天大老爺後來怎麼搖身一變變成「展昭」，也滿頭大汗的跑去抓強盜啦？不過，反正只是孩子們的遊戲，這種情節上的交代不清還是無可厚非的。

13 念頭、燦爛、留意

尋找彼得潘

一走進肯辛頓公園，媽媽才剛剛停下來看地圖，小敏就已經迫不及待的嚷嚷著：「咦！別停呀，我們趕快去找彼得潘呀！」

「到肯辛頓公園找一座彼得潘的銅像，然後跟這座銅像合影」可是她們母女這次倫敦自由行的重要計畫呢！

「知道啦，」媽媽說：「可是我聽說這個公園好大，不先查好地圖怎麼找啊？」

說到一半，媽媽突然不說了，抓起小敏就走。

「你地圖查好啦？很快嘛。」小敏誇獎媽媽。

「不是啦，你看到前面那個小女孩沒有？我聽到她也在跟她爸爸說要去找彼得潘，我們只要跟著他們走就好了。」

聽媽媽這麼一說，小敏這才**留意**到前方是有一個跟自己差不多大的小女孩，看起來就好像是一個會走路的洋娃娃，真好玩。

小敏跟媽媽就這樣悄悄的跟在那對父女的後面。今天的天氣真好，陽光很**燦爛**，想到很快就可以看到小飛俠彼得潘，小敏真是開心極了！

走了好一會兒，就在小敏開始懷疑那個金髮爸爸到底認不認識路的時候，那個「洋娃娃」突然一邊大叫「Peter Pan」，一邊拔腿就往前直奔！

「到了到了，彼得潘到了！」媽媽牽著小敏也趕快跟上去。

可是——當她們來到那座銅像面前的時候，小敏愣住了。

「這是誰呀？」小敏問道。

「彼得潘呀，」媽媽趕緊掏出相機，「來，趕快過去，我幫你拍！」

小敏卻不肯，甚至還不由自主的往後退，「我不要！我不認識他！」

「怎麼不認識？這是彼得潘呀！來呀，趕快，趁現在沒什麼人的時候趕快過去，這樣比較好拍！」

「這怎麼會是彼得潘？一點也不像——哦，我知道了——」一個**念頭**蹦進了小敏的腦海，「彼得潘一定不知道又飛到哪裡去玩了，這個一定是替身！」

聽小敏這麼一說，媽媽終於弄懂是怎麼回事了；原來，小敏整天看著迪士尼的卡通《小飛俠》，很自然地一心以為彼得潘是那個樣子，現在來到這座已經差不多有百年歷史的彼得潘銅像面前，就反而感到很陌生了。

「這也難怪——」媽媽心想，小敏畢竟還小啊。於是，媽媽只好說：

「乖，先跟這個替身拍一張，待會兒我再解釋給你聽吧！」

管阿姨的心得交流站

◆ 英國倫敦肯辛頓公園內確實有一座小飛俠彼得潘的銅像。這是在1912年由《小飛俠彼得潘》的作者巴里送給公園的，已經陪伴了好幾代的孩子。

◆ 如果你看的書不少，很多地方都會引發我們聯想，譬如，來到倫敦肯辛頓公園就想到彼得潘（在書中彼得從小就逃到肯辛頓公園跟仙子們住在一起）、到杭州西湖斷橋邊就想到白娘子和許仙（在民間傳說中他們就是在這裡認識的）、來到羅馬競技場就想到小說《史巴達克》等等。當然，也有很多地方是因為電影才會讓人聯想，譬如大家都知道九份就是在電影《悲情城市》上映之後才大受矚目。但書籍往往還是一個主要的源頭，就好像在電影《魔戒：王者再臨》大賣之後，旅行社還推出了相應的行程，

然而《魔戒》在拍成電影之前早就已經有了書啊。

◆凡是文學作品被改編搬上銀幕的，不管你有沒有看過電影，只要你看過書，一旦有機會到這些地方身歷其境，你會彷彿看到書中的角色一個個都在你的眼前，那真是一種奇妙無比的經驗；但是，如果你對這些角色、這些故事一點概念也沒有，就算有機會身歷其境也不會有什麼感覺。

◆「燦爛」一詞，我本來是想用來形容笑容的，但是因為最近正好看了一點介紹倫敦的書，看到肯辛頓公園時令我聯想到彼得潘，突然有了一個「念頭」，想要寫很多小朋友常常會有的一種誤會（只認識迪士尼版的人物），所以後來就決定還是把「燦爛」用來形容陽光了。

小朋友的作品

麗麗的煩惱

房婉瑩／湖南岳陽平江縣南江鎮中心小學五年級

麗麗很聰明，也很善良，可是她唯一的煩惱就是她自己為什麼這麼醜。其實啊，麗麗是一隻小刺蝟，她不時羨慕著狐狸小姐高貴的皮毛，因此，她居然有了這樣傻的**念頭**，她要整容！於是她拿著自己存了許久的零用錢朝醫院的方向走去……

今天的天氣還不錯，陽光明媚的，麗麗走在路上正好遇到狐狸小姐，於是

朝狐狸小姐**燦爛**的笑了笑，狐狸小姐倒不是很開心，她皺著眉頭對小刺蝟麗麗說：「今天本小姐不高興，你還好意思對我嬉皮笑臉的。」

「狐狸小姐你怎麼了？」

「還不是因為我的皮！唉，我都埋怨過很多次了，要是能把我的皮換成你的就好了。今天我去偷雞，但是，不小心被那個討厭的獵人發現了，他很貪心，還想把我給殺了，幸好我的感覺靈敏，一下子就跑了。唉，但還是被他抓掉了一把毛，嗚嗚……我不甘心，要是

我的毛換成你的，哈哈，那他就沒好日子過了。」

麗麗本來要說：「我和你換吧！」但**留意**到狐狸小姐剛才的話，心想：「要是真的換成了狐狸的毛，獵人肯定不會放過我的！還是我的刺好。」然後馬上就跑了。跑到哪兒去了？原來啊，是在用背上的刺扎蘋果呢！

陽光依然燦爛如舊，但麗麗的傻念頭卻不見了。

管阿姨點評

在這篇作品中，婉瑩把「燦爛」這個語詞用了兩次，分別用在兩種不同的情況，一次是用來形容陽光，一次是用來形容笑容，都用得很不錯。「念頭」

和「留意」這兩個語詞，也都有很好的安排。

至於故事本身，也處理得不錯，就是第一段剛開場的時候寫得有一點急、有一點亂，情節跳得太快了，幸好從第二段開始就愈寫愈好。收尾尤其收得好，相當簡潔明快。

14 形狀、驕傲、蹦蹦跳跳

豬大仙的不滿

豬大仙心情不好已經有好長一段時間。自從一進入兔年以後，他的心情好像就沒好過。

一開始，大家都沒注意到豬大仙在鬧情緒。兔大仙沒注意到很正常，今年是兔年，他理所當然成了十二生肖中最忙的一個大仙，成天跑來跑去、蹦來蹦去，忙得不得了，而其他大仙雖然注意到豬大仙最近都沒參加什麼團體活動，也都以為他只不過是發了懶病，不想動，只想賴在家裡，都覺得這也很正常。

等到時間一久，大家才開始感覺到好像有一點不大對勁。

這天，大家推派兩個跟豬大仙關係最親近的夥伴一起去看看豬大仙，那就是狗大仙和鼠大仙；在十二生肖之中，狗大仙總是負責交棒給豬大仙，豬大仙又總是負責交棒給鼠大仙，所以，豬大仙和這兩個夥伴的關係當然要更親密些。

果然，豬大仙在家憋了那麼久，現在看到兩個老夥伴來了，忍不住大吐苦水。原來啊，他是很不高興兔大仙搶了自己的鋒頭。

「可是——」狗大仙不懂，「說到搶鋒頭，應該是剛剛交棒的虎大仙不高興才對呀！」

「你們聽聽那些吉祥話，」豬大仙不滿的說，「怎麼會有那麼多的人說兔大仙的大耳朵也是『好福氣』的象徵啊，大耳朵不是我的專利、是我的**驕傲**

嗎？他那是什麼大耳朵，他是長耳朵呀！**形狀**根本不一樣嘛！」

「喔，原來如此——」狗大仙和鼠大仙總算弄明白了。

就在他們倆你一言、我一語的勸豬大仙別那麼計較的時候，兔大仙**蹦蹦跳跳**的過來了。剛才他們的對話，兔大仙全都聽到啦。

「哼，你以為我喜歡我的耳朵這麼長啊？」兔大仙悶悶不樂的說：「長耳朵有什麼好，只不過是方便讓人家抓來抓去而已！像我這樣老是被人家抓來抓去，我就不覺得這是什麼好福氣啊，我還真希望自己的耳朵能夠不要這麼長！」

「所以說你也承認你是長耳朵，不是大耳朵了？」聽到兔大仙這麼說，豬大仙總算是感到一絲絲的安慰。不過，他很快又老大不高興的批評起下面那些愚蠢的人類，怎麼會連大耳朵、長耳朵都分不清，明明形狀差那麼多嘛！

管阿姨的心得交流站

◆可能因為今年（2011）是兔年的緣故吧，所以我一看到「蹦蹦跳跳」這個詞馬上就聯想到兔子。其實這個詞也經常被用來形容精力旺盛、總是活蹦亂跳的小朋友。

◆從兔子，我又聯想到在過年的時候，經常聽到用兔子的耳朵來表示「福氣好」的說法。為什麼會有這種說法呢？因為中國自古以來，好像就喜歡耳朵又大又長，最典型的例子就是劉備，據說劉備「耳長垂肩，手長過膝」，一般都認為這就表示劉備很有福氣。一直到現在，每當去探望新生兒，只要看到小寶寶有一雙大耳朵，大家都會很高興找到了一個可以用力讚美的理由，都會紛紛說：「哇，耳朵好大喔，好有福氣喔！」然後呢，寶寶的爸爸媽媽就會很開心！

◆剛才說從「蹦蹦跳跳」一詞聯想到兔子，事實上，動物也是經常刺激我們聯想的主題。

◆想想看，有多少成語、俗語、歇後語，都是拿動物來做發揮？又有多少故事都是拿動物的長相和習性來大做文章？如果針對這兩方面來列一張單子，你會很驚訝的發現，在我們的語文和中外文學作品中，還真是少不了動物。

◆ 在這個故事中，既然已經從「蹦蹦跳跳」聯想到兔子，接下來就好辦了；看到「形狀」一詞，自然就聯想到兔子的耳朵，至於怎麼樣把「驕傲」一詞用進去，那就借用一下「過年總要講些吉祥話」的民俗吧。是的，在我們的文化中，也少不了動物；舉一個最簡單的例子，否則為什麼一到龍年，生育率總是會比較高呢？就連到了蛇年，蛇也不叫蛇，而總是要叫作「小龍」了。

小朋友的作品

神奇的噴霧器

金典／南京市金陵匯文學校小學部四年級

一天，妞妞放學回家，遇見了一位老奶奶。「可以給我一塊錢嗎？」老奶奶可憐兮兮地說。妞妞摸了摸口袋，她剛好有一塊錢，本來是準備買零食的。可是當妞妞看到老奶奶哀求的目光，還是把一塊錢給了她。「謝謝你，小朋友。」老奶奶說著從布包裡拿出了一個噴霧器，「這個送給你吧。只要你把它噴在一個東西上，它就能變成你想要的**形狀**。」老奶奶叮嚀道：「但是，如果

你用它做壞事情，這個噴霧器就不靈了。」

妞妞謝過老奶奶，**蹦蹦跳跳**地往家走。路過公園的時候，一隻大狼狗衝著她跑過來。「汪汪！汪汪！」凶巴巴地朝妞妞叫著。妞妞最怕狗了，她突然想到了老奶奶送給她的噴霧器，趕緊對著大狼狗噴了一下，口中念道：「讓牠變成大皮球！」奇蹟出現啦，大狼狗果真變成了一個毛茸茸的大皮球，在地上滾來滾去。妞妞衝著大狼狗做了個鬼臉，心想：「噴霧器真的好神奇！」

上樓梯的時候，妞妞看到一個叔叔扛著一個長長的木板下樓。由於樓道太窄，木板卡在裡面，出不去也進不來。妞妞拿出噴霧器，朝木板噴了一下，默念：「變小，快變小！」木板一下子變小了，叔叔一隻手就拎了起來。叔叔下了樓，妞妞又朝木板噴了一下，木板變回了原來的樣子。「小姑娘，謝謝你。你的噴霧器真的太神奇了！」妞妞一聽，心裡可**驕傲**了。

回到家，妞妞看到妹妹在玩羊角球，她也想玩，可是妹妹卻不讓。妞妞想：「哼，不給我玩，你也別想玩！」於是，她朝羊角球噴了一下，口中默念：「羊角球快快變成仙人球！」可是，這回噴霧器好像失靈了，一點反應也沒有。妞妞想到了老奶奶的話，慚愧地低下了頭。

從此，妞妞用噴霧器做了很多好事情，直到噴霧器裡的水全用光了。現在，這個噴霧器還放在妞妞的桌子上。每當看到它，妞妞就想到要去幫助其他人。

管阿姨點評

這篇作品應該是從「形狀」這個語詞開始的；為了能最好的運用「形狀」這個語詞，金典小朋友想了這麼一個故事。至於要把「驕傲」和「蹦蹦跳跳」這兩個語詞用進去感覺上就很輕鬆。

其實，抓到一個點，再從這個點去擴散和延伸，進而設法把故事豐富和完整，這就是寫作的訣竅。

這個故事還頗有一點《聊齋誌異》中〈勞山道士〉的影子，那就是法術（或者說神奇的魔法）只能用在好事上，否則就會失效。不過，金典小朋友在古典的基礎上還是寫出了自己的新意，讓這個神奇的噴霧器是像一般的日用品一樣，也是有用完的時候，而且在用完以後，主人翁妞妞還是把它放在桌子上，用來提醒自己要幫助他人。這樣的結尾，相當不錯。

15 震驚、尾巴、熟悉

誰像誰？

媽媽買了一大把乾燥花回來。

小妹妹睜著好奇的大眼，很有耐性、很有興趣的看著媽媽慢條斯理的安排這些乾燥花，把它們一支一支的插進花瓶裡。這些乾燥花在單獨欣賞的時候，每一支都做得很好，媽媽希望當它們組合在一起的時候，也能產生一種很舒服、很協調的感覺。

「你喜歡嗎？」媽媽一邊布置一邊問。

「喜歡呀，很喜歡。」小妹妹說。

「你最喜歡哪一支？」

小妹妹想了一下，「有兩支，我一樣喜歡。」

「喔？哪兩個？」媽媽猜想八成是那幾支乾燥玫瑰。

然而，小妹妹用肥肥的小手指了一指，「是這個，和這個。」

「為什麼？」媽媽有一點點意外，因為她覺得這兩支好像並不是特別出色，至少它們是屬於搭配性的花材，並不是主角。

小妹妹說：「因為它們讓我有一種很**熟悉**的感覺。」

這麼一說，媽媽就明白了。

媽媽忍不住笑了。

小妹妹繼續說：「這個好像蓮蓬頭，這個好像小黑的**尾巴**。」

媽媽說：「其實，設計製造蓮蓬頭的人可能當初就是從這裡得來的靈感吧？」

她們說的這支乾燥花，是一支蓮蓬。

過了好一會兒，媽媽把花插好了，帶著小妹妹去看書了。留下蓮蓬和那個很像「小黑尾巴」的夥伴，兩人都很**震驚**，因為，他們一直都認為自己的模樣很特別，沒想到那個連話都還說不大清楚的小傢伙居然會說他們像什麼！

「『蓮蓬頭』是什麼啊？」蓮蓬不高興的嚷嚷。

這時，一朵乾燥玫瑰說：「『蓮蓬頭』是一個很好用的東西，以前我們主人家裡就有，難道你們沒注意過？」

夥伴們是都沒注意過。

「那——『小黑的尾巴』又是什麼？」蓮蓬的夥伴也很不滿。

「這個嘛，我就不大清楚了。」

於是，花瓶裡的夥伴們就開始熱心的嘰嘰喳喳的討論，到底什麼叫作「小黑」？「小黑」到底是個什麼東西？

不過，他們才剛剛討論了一會兒，答案就自動出現了。

一個動物從它們面前跑過，大家都聽到小妹妹還在後面追著、叫著：「小黑！別跑！等等我呀！」

大家不約而同的馬上就把視線集中到那個動物的尾巴上——哎呀！真的好像！

原來，這個跟「小黑尾巴」很像的花材，就是「狗尾巴草」啊！

管阿姨的心得交流站

◆可能是因為最近我剛剛看過一片蘆葦，那一根根好高好高的蘆葦，令我聯想到可愛的狗尾巴草，所以，一看到「尾巴」這個詞，我想到的除了狗狗、貓咪等動物的尾巴之外，也很自然地想到了狗尾巴草。植物，確實也會刺激我們聯想。

◆或者也可以說，很多植物的模樣，確實很自然地會讓我們聯想到一些生活中常見的東西。比方說，拖鞋蘭看起來真像一個個漂亮的小拖鞋，吊鐘花看起來像一朵朵小鈴鐺，中國水仙（又名「金盞銀台」）看起來真像一個個精緻的小酒杯，而不開花的水仙又是多麼像一根根的蒜（所以難怪會有「水仙不開花——裝蒜」這句歇後語吧），酒瓶椰子的外型看起來又多麼

像一個厚敦敦的酒瓶等等。如果你把很多植物的模樣和它們的名字（當然很多只是俗名，譬如「一串紅」、「奶瓶刷」等等），仔細對照一下，真的很有趣！聯想，就是這麼好玩，總是會互相激盪，互相影響。

◆ 因為之前不久我剛剛寫過一篇玩具狗的故事，所以這次當我先把「尾巴」這個詞確定了要往植物方面去聯想，並且確定了要當成「狗尾巴草」以後，整個故事很自然地就有了一個基本的走向。接下來，要把「熟悉」用進去很容易。至於要怎麼用「震驚」這個詞，我想如果在情節上安排一下，讓狗尾巴草和蓮蓬意外發現它們的模樣原來會讓人聯想，這樣似乎就更順理成章些。

小朋友的作品

馬桶

盤隨雲／杭州市翠苑中學文華校區初一

一天，在一個高檔住宅區的一幢別墅內，一個豪華馬桶正在午睡。忽然，它感到身上癢癢的，似乎有東西在爬。它睜開了眼睛，**震驚**萬分。只見其潔白、乾淨並透著清香的身體上，一條乳白色的蛆，擺動著**尾巴**慢慢地蠕動著，一邊爬，一邊分泌著黃色的黏液。

「啊？哪來的這麼噁心的東西？」馬桶凶狠地對蛆喊道：「嘿，骯髒的小蛆，知道這是哪兒嗎？這是你可以來的地方嗎？」

「對……對不起，我也不知道怎麼就到了這兒……」蛆被嚇了一大跳，哆

嗦著說。

「趕快滾蛋！從哪兒來滾回那裡去！」

「你以為我想呆在這裡？」蛆嘀咕道，「什麼鬼地方，雖然光亮亮卻冷冰冰的！」

「啊？你個鄉巴佬還敢嫌這不好！跟你這種骯髒的東西在一起，我的名聲都被敗壞了！」馬桶惱羞成怒。

「你神氣什麼！你不就是供人類如廁用的嘛，有什麼了不起！如果不在別墅裡，你哪有如此光鮮？」蛆也不客氣了。

馬桶被氣得兩眼翻白，卻突然感到眼前一黑，接著傳來一陣主人的**熟悉**的氣味。雖然這股氣味更加令人作嘔，但馬桶卻一聲不吭地接受了，甚至卑謙地感到一種榮幸。

管阿姨點評

這篇作品頗有一種伊索寓言的味道。我覺得隨雲這篇作品寫得相當大膽，因為所選用的兩個角色（馬桶和蛆）都不是什麼討喜的角色，可是在短短的篇幅裡，隨雲不僅成功的塑造出主角馬桶的性格，對於很多人都喜歡趨炎附勢的社會現象（或者說人性的「黑暗面」）也做了相當犀利的批判。以一個才十三、四歲的少年來說，隨雲不僅文筆很老練，思想也相當成熟啊。

15 震驚、尾巴、熟悉

16 台階、蒼白、俯衝

好心的夜鶯

「啊！怎麼辦？怎麼辦！」

聽到這樣的慘叫，一隻夜鶯好奇地從鳥巢裡探出頭來往下張望，想知道到底發生了什麼事。只見樹下有兩個男孩，其中一個看起來好激動，他臉色**蒼白**，一手抓著一束玫瑰花，一手抓著亂糟糟的頭髮，一個勁兒的呼號：「怎麼辦！怎麼辦！」

他的同伴則在一旁安慰道：「算了吧，有什麼怎麼辦，依我看，這種拜金女郎，她沒看上你，算是你的福氣！」

「可是——可是——」男孩好像很不甘心，「我真不敢相信，玫瑰花居然已經這麼不管用了？」

「算了啦，別理她。」兩人漸漸走遠了。

望著手持玫瑰花的男孩那垂頭喪氣的背影，夜鶯非常同情，心想：「好可憐喔，我一定要幫幫他。」

正這麼想著，一隻松鼠正好經過。夜鶯趕緊叫住他，「哎，你知不知道現在的女孩子都最喜歡什麼，是比玫瑰花還要喜歡的？」

「簡單，那一定是鑽石。」松鼠說。

「鑽石是什麼？」

「其實也就是一種小石頭，但是看起來很漂亮。」

「一個漂亮的小石頭，嗯，我知道了。那麼，哪裡會有這種東西？我想幫一個可憐的男孩找一個，要不然他就要失戀了。」

松鼠大笑：「你問哪裡會有？你就滿地找找看吧！」

夜鶯信以為真，果真就拍拍翅膀一邊飛一邊仔細尋找。就在他差不多快要把整個公園都找遍的時候，忽然，他發現水池邊的**台階**上有一個紅紅亮亮的小東西。夜鶯馬上**俯衝**下來，仔細一看，哎呀，真的是一個漂亮的小石頭耶！夜鶯高興極了！

他正想把那個小石頭叼起來，萬萬沒有想到，一個連走路都還搖搖晃晃的小女

孩卻及時伸手撿了起來，然後就放進自己的玩具袋裡頭去了。

夜鶯覺得好奇怪，不是說這種小石頭比玫瑰花還要貴重嗎？怎麼會連這麼小的孩子都會有？那麼——夜鶯覺得精神大振，心想那要再找到第二個一定不難！

夜鶯不知道，其實那是小女孩的玩具戒指啊。所以，接下來一連好幾天，這隻好心的夜鶯仍然一直在公園裡四處尋找，想要為男孩再找一個漂亮的小石頭，可是，他一直沒有找到。

管阿姨的心得交流站

◆不知道小朋友會不會覺得這個小故事有一點眼熟？安徒生有一篇童話，叫作《夜鶯與玫瑰》，講一隻好心的夜鶯為了想替一個男孩尋找一枝美麗的玫瑰花，最後竟犧牲自己生命的故事；這篇小故事可以說部分靈感就是從安徒生的《夜鶯與玫瑰》而來的。

◆礦物，有時也能激發我們的聯想。比方說，每當一塊石頭上有什麼圖案，既是完全天然又可以讓人產生聯想的，這塊石頭往往就會被稱做「天然奇石」。又或者天然的石頭，模樣看起來卻像是一個人、或一個動物、或一個生活中我們見得到的某種東西，這個石頭也就會有了一個特別的名字；野柳著名的「女王頭」，不就是一個典型的例子嗎？

◆在很多民間傳說中，也有不少是針對礦物、或是高山而激發想像的故事，譬如《雨花石的傳說》、《飛來峰的故事》等等，證明就算礦物是既沒有生命又不會自行移動，可是這一點也不妨礙我們發揮想像，還是可以成為我們想像的對象。

◆在這三個詞語中，我是先從「俯衝」著手；看到「俯衝」，我首先聯想到鳥類，當然，其實也可以是飛機、超人、機器人等等。然後我從「俯衝」聯想到夜鶯，再從夜鶯聯想到安徒生的《夜鶯與玫瑰》，想到故事中那朵夜鶯用生命換來的玫瑰花最後竟落得相當悲慘的境地，於是我就想，有什麼東西會比玫瑰花要更受一個拜金女郎的歡迎？這麼一想，就想到鑽石了，故事也就有了主軸了。（其實，鑽石也就只是一種石頭而已啊。）

小朋友的作品

美好假期

韓立修／新北市錦和國中二年級

暑假，是一個讓所有學生們最期待的美好假期，我和爸爸媽媽計畫，要去高雄義大世界遊樂園玩一整天。

當天早上，我和媽媽滿心歡喜坐在爸爸的車上，沿途，我們看到了許多美麗的景色，為了留住這些珍貴的畫面，所以只要看到有不錯的景點，就下車拍照留念。爸爸辛苦的開了六個小時的車程才抵達目的地，高雄酷熱的天氣讓我們走到入口時就已經滿身大汗，這時我的心情不禁的興奮了起來。進入遊樂園裡，我們看見各式各樣不同的遊樂設施，不只刺激好玩，更想直接體驗。我們

很快選了第一個遊樂設施「飛越愛情海」，大家坐在一艘獨木舟上，從幾十公尺高的地方快速衝到水平面，是一個很刺激的遊戲。坐上去之後，服務人員幫我們檢查安全帶、扶手和扣環等，非常的細心。當我們從空中**俯衝**下來時，我的心臟跳得好快，感覺非常的興奮，四周水花濺起，淋得我們全身溼答答的，但是大家都還是笑得很開心。遊戲結束後，緊接著我們來到了「萬聖屋」，這就是一個鬼屋，一開始我還躍躍欲試，以為只是嚇嚇小孩子而已，沒想到走出萬聖屋時，我已經被嚇得膽戰心驚、臉色**蒼白**呢。

玩了一整天，晚上就是美麗的煙火秀登場，當大家在倒數計時的時候，我相信每個人的心裡一定都非常的高興，煙火的聲音震耳欲聾，把黑暗的天空點綴的閃閃亮亮，大家拿起相機，紀錄了這美麗的一刻。結束後，人潮也慢慢散去，但我們還有最後一項行程，那就是搭摩天輪，要走上搭摩天輪的**台階**也是一大挑戰，因為要克服我心裡怕高的恐懼，坐在摩天輪的最高點上，整個星空和萬家燈火，把高雄市的夜景照亮的如此美麗，我們就在這HAPPY ENDING中結束了一天快樂的旅程。

管阿姨點評

立修的這篇作品有一個特色，他把「台階」、「蒼白」、「俯衝」這三個語詞全部都由「我」來完成，藉著描述參與遊樂園中各式各樣遊樂設施的經驗，把三個語詞統統都很順理成章的用進去，用得非常自然，自然到讀第一遍時，如果不仔細找，我還找不到這三個語詞到底是藏在哪裡呢！

就一篇遊記來說，也寫得相當不錯，不僅很有條理，也滿有趣味。不過，需要注意的一點是，我們平常在說話的時候，也就是口語表達的時候，如果在中文中摻雜一些英文或是時下流行的網路語言，這都無妨，只要對方能聽得懂就行，可是在中文寫作中，在用文字來表達的時候，這些現象就還是應該避免。

17 咆哮、文靜、花瓣

花瓣公主

從前，在一個很遠很遠的地方，有一個可愛的小國家，國王和皇后只有一個寶貝女兒，叫作**花瓣**公主。花瓣公主人如其名，長得非常美麗，而且聲音還非常好聽。大家都說，老天爺實在是太眷顧花瓣公主啦。

然而，老天爺也給了花瓣公主一個非常急躁的性格，對於花瓣公主來說，這就像是美麗的外表以及動聽的聲音一樣，都是天生的，都同樣令她感到無能為力。

而對於皇宮裡的人來說，當花瓣公主心情平穩的時候看起來是多麼的**文靜**、多麼的可愛，可是當她一急躁起來又是多麼的讓人害怕，不僅五官好像都會扭曲在一起，一點也不美麗，而且再好聽的聲音一旦**咆哮**起來也絕不可能好聽。

花瓣公主漸漸長大，自己也慢慢意識出自己的問題，她也很想改掉自己急躁的毛病，因為，過於急躁就很容易發脾氣，她不喜歡發脾氣，可是，該怎麼改呢？

皇后說：「你要多看書，多聽音樂，或許還應該學一個樂器，或是一個才藝，總之就是要加強修養，這樣慢慢就會好了。」

國王說：「沒關係的，等你以後老了，就會慢慢好了。」

本來，花瓣公主覺得媽媽的辦法很累，爸爸的辦法又讓人覺得很洩氣，她

不想當一個可愛的老太婆，她想現在就變成一個可愛的女孩，於是，花瓣公主決定要用一個很傳統但是據說還很有效果的辦法——她決定要去找巫婆幫忙！

經過多方打聽，花瓣公主終於得到了一個號稱是最厲害的巫婆的地址，趕緊跋山涉水去拜訪巫婆，向巫婆說明來意。

「要我幫忙可以……」巫婆說，巫婆一開口就把花瓣公主給嚇了一跳，因為巫婆的聲音真是超級難聽！

巫婆繼續說：「可是你應該知道，魔法不可能是免費的，你必須用你好聽的聲音來跟我交換。」

花瓣公主心想，那可不行！巫婆的聲音難聽得像鴨子叫，她才不要有這樣的聲音！

沒辦法，花瓣公主只好打消念頭，打道回府，開始試著採用媽媽的辦法，或是等待著爸爸的辦法。

那麼，她後來到底成功了沒有呢？其實，沒人說得清，反正以後當花瓣公主登基做了女王以後，大部分的老百姓都很喜歡她，都說她非常的可愛可親。

管阿姨的心得交流站

◆這個小故事是從「咆哮」這個詞開始引發聯想的。文字實在是很奇妙，文字明明都是平面的，是無聲的，可是有的時候，某些字、某些詞卻能夠製造出一些音效，讓你眼裡讀著文字，耳朵裡卻彷彿能聽到某種聲音。就比方說看到「咆哮」這個詞，我們彷彿就可以聽到那種拉高嗓門激動的、充滿怒氣的大吼大叫。

◆為什麼會這樣呢？因為文字都能和我們的日常生活經驗聯想在一起；在生活中，如果聽到哪一個人在咆哮，可以說毫無例外都是這麼怒氣衝天、激動萬分的。

◆聲音，也很能激發我們的聯想。比方說，聽到有人在咆哮，你會覺得他

（她）一定是有什麼事情非常生氣，要不然就是這個人本來就脾氣太壞；而聽到溫柔的聲音，你也會想這個人一定脾氣很好，很溫和。有時，某種聲音還會啟動我們的記憶庫，讓我們聯想起某個人或是某件事。

◆「花瓣」當然是名詞，只是我把它當成一個人名，因為這麼一來，我覺得似乎就很容易把「文靜」這個詞也用起來；而一個文靜的人，和「咆哮」這個詞會產生什麼樣的聯繫呢？這麼再往下想一想，故事的主線就找到了。

小朋友的作品

小舞者佳佳

張芯恬／台中市健行國小六年級

佳佳是個**文靜**的女孩，從小就很喜歡欣賞舞蹈表演，每當聽到音樂響起，她總是隨著節拍翩翩起舞。跳舞是佳佳心中的夢想。

剛上一年級，佳佳就發現學校有舞蹈社，她暗中下定決心要參加這個社團。她曾在舞蹈教室偷看上課情形，看到老師嚴厲的表情，讓本來積極的心涼了半截，遲遲不敢行動。終於到了四年級下學期，在媽媽的大力鼓舞之下，佳佳總算鼓起勇氣，報名參加舞蹈社。她一進社團，就交到許多志同道合的好朋友，讓佳佳更加熱愛舞蹈。

五年級開學時，舞蹈老師宣布一個月後將舉辦舞蹈比賽，並指定參加舞蹈社兩年以上的同學參加。雖然佳佳只學了一個學期，但是老師看到了她認真的態度，就讓她跟選手們一起練習。畢竟佳佳還是新手，很多基本動作都還不熟，一個禮拜後，老師不滿意她的表現，於是大發雷霆，對佳佳**咆哮**：「下個禮拜我要看到你下腰！」佳佳覺得壓力好大，甚至想要放棄。這時，佳佳最好的朋友、也是舞蹈社的同學——小華，看見佳佳這麼沮喪，就送給她一朵花，並鼓勵佳佳說：「我相信你做得到！」小華的情義相挺讓佳佳十分感動，看著小花，下定決心：「我一定要全力以赴，在**花瓣**凋謝之前練好下腰！」之後，除了在學校的練習，晚上在家裡也纏著媽媽幫她扶著腰，好讓她練習下腰動作。在佳佳努力不懈之下，她的柔軟度一天一天的進步，終於在比賽前一天的彩排時，她做出令老師滿意的下腰動作。努力總算沒有白費，佳佳她們得到了第四名！

雖然比賽成績沒有非常好，但是佳佳努力過了，也體會了「只要堅持，沒有什麼事做不到」的道理。佳佳的下一個目標是學會劈腿，佳佳加油！

管阿姨點評

芯恬這篇作品寫得相當可愛，三個語詞的運用也很好，對於「花瓣」一詞的運用尤其很有新意。「在花瓣凋謝之前」，這應該是表示有好幾天吧，但是，這麼說就比「我要在幾天之內……」要有創意多了。

整個故事讀起來的感覺也很真實。芯恬的媽媽告訴我，這確實是芯恬根據自己學舞的經驗所寫的。能夠從生活中取材，芯恬顯然已經掌握了寫作重要的訣竅。

結尾也處理得很不錯，很有一種展望的感覺。

18 可口、避開、腳印

怪貓阿九

有一隻九命怪貓，名叫阿九。阿九目光敏銳，反應靈敏，每當眼前有什麼危險，總是能很快就有所察覺，並且馬上**避開**。

然而，在安全的活了很久很久以後，有一天，阿九突然活得不耐煩了。

阿九心想：「唉，真沒意思，每天的生活差不多都是一個樣，好煩哪。」

從這一天開始，阿九一反常態，碰到危險不再避開，反而是呆呆的等著壞事發生。在短短一個禮拜之內，他被車子撞倒、被惡狗追、被遠遠飛來的棒球

砸中，還故意吃壞了肚子、故意長時間的淋雨、故意溜到獸醫診所去接近生病的同類……終於，他耗掉了八條命。現在，阿九隻剩下最後的一條命了。

不過，有時心思的轉變就是這麼奇妙，幾乎是毫無預警；就在阿九的計畫眼看就要達成的時候，他突然又對自己先前的決定產生了懷疑。

「真的就是這樣了嗎？真的就要結束了嗎？……」阿九突然有一種茫然的感覺，茫然之中還帶著一種強烈的不確定。

這天，阿九蹲在一棟房子的牆角，歪著腦袋想要好好的想想清楚。就在這時，從屋內傳出兩個孩子的歡聲笑語，阿九一時好奇，就豎起耳朵想要知道他們是為了什麼事這麼開心。

只聽到一個孩子說：「哇，你好厲害喔！居然還有二十幾命，我都只剩十條命了！拜託，教教我吧！」

「哈哈，可以啊，可是你要先叫我一聲『師父』！」

阿九不知道兩個孩子所說的「命」指的是電動遊戲中的「命」，因此大吃一驚，繼而也感到非常慚愧，默默的想著：「啊，多麼熱愛生命的孩子啊，他們有那麼多的命可是都還活得那麼開心，都不會像我這樣自暴自棄……」

想著想著，一陣烤魚的香味從另外一個窗戶飄出來；這是兩個孩子的媽咪正在準備晚餐。一聞到這個特殊的味道，阿九不僅馬上想起了烤魚是多麼的**可口**，也很快就想起了生活中的諸多美好，晨

曦、落日、彩虹、滿天星空、百花盛開、楓葉片片……阿九愈想愈激動，是啊，有這麼多值得留戀的事物，他怎麼會活得不耐煩了呢？

於是，阿九站起來，伸展一下四肢，面帶微笑的踏著輕盈的腳步離去。現在，雖然他只剩下最後一條命，可是他已打定主意一定要好好的活著，一定要在這個世界上很多很多的角落再度留下自己開心的**腳印**。

管阿姨的心得交流站

◆曾經看過一篇小朋友的作文，說第一次和同學到外地參加活動，本來以為自己一定會玩得樂不思蜀，沒想到在逛街的時候，一聞到巷子裡飄出來的咖哩雞的味道，馬上就想起媽媽的咖哩雞，然後馬上就想家了。味道，確實經常也會激發我們的聯想。

◆這三個語詞，我是從「可口」來下手；既然是「可口」，一定是什麼食物的味道很可口。接著是「腳印」。「腳印」當然可以是人的腳印，也可以是動物的腳印。在我的小本子上，很早以前就記著「九命怪貓」，也就是說我想寫一個有關九命怪貓的故事；可能就是因為這樣，所以當我一看到「腳印」這個詞，我就聯想到貓咪的腳印。再往下想，故事的雛形就慢慢

出現了……一隻九命怪貓，原本已經活得不耐煩，結果因為聞到魚的香味而又重新燃起對生命的熱情。

◆除了食物的味道，還有很多很多的味道都能激發我們的聯想，譬如，聞到花香，也許會想起某一個愉快的假日；聞到沐浴精的味道，會聯想起泡熱水澡有多麼的舒服；聞到芬多精的味道，會聯想起在樹林中散步的心曠神怡；或者，聞到某一種香水的味道，會聯想起某一個女性，因為這是她慣用的香水味道……運用味道來做聯想，範圍是相當廣泛的。

小朋友的作品

鼴鼠先生追草帽

彭佳駿／湖南省長沙市國防科大附小四年級

鼴鼠先生想去散步，他從門後的鉤子上取下草帽，戴在頭上。一出門，一陣風吹過來，把他的草帽吹跑了，這還了得！鼴鼠先生連忙跑著去追他的草帽。

草帽飛呀飛，鼴鼠先生追呀追。

草帽乘著風像飛碟一樣，奔向一片大森林，哦，這簡直是個奇妙的森林，

因為每棵樹上都結著各種各樣奇妙的果子。鼴鼠先生跟著草帽追到了這片森林。草帽一會兒飛到這，一會兒飛到那，鼴鼠先生就跟著一會兒追到這，一會兒追到那，突然，草帽倒扣在了一棵蘋果樹上的鳥窩旁，鳥媽媽一看，哇，好一個窩！她的鳥寶寶們一個個興奮地跳進了這個漂亮的新家。

鼴鼠先生先急壞了，手忙腳亂地往樹上爬，可是樹幹實在是太光滑了，鼴鼠先生爬呀爬，每當他爬到眼看著馬上就要拿到草帽的地方，但，總是滑了下來……鼴鼠先生爬了一次又一次，可一次也沒有成功，這可把他累壞了，他一屁股坐在地上正打算歇口氣，一個果子正好掉下來，砸在他的腦袋上，把他砸得暈頭轉向，他氣得拿起蘋果一口咬下去，頓時，他感覺到嘴裡酸甜可口，一種從未有過的美妙的清涼味道直沁肺腑，他欣喜若狂，搖搖這棵樹，推推那棵樹，各式各樣美味**可口**的果子紛紛落下來，鼴鼠先生就大吃特吃起來，一邊

吃，一邊嘖嘖稱讚：「真是美味可口呀！」正當他吃得津津有味的時候，一陣大風刮過來，草帽連著小鳥一起被吹到了半空中，可是鳥寶寶們還沒上過飛行課呢！唰——鳥寶寶們一下子被拋了出來，鳥媽媽一看，急暈了頭。鳥寶寶們一著急，張開翅膀飛起來了！

草帽飛呀飛，鼴鼠先生追呀追。

風像一條龍，圍著草帽轉。草帽被這條「龍」轉得暈頭轉向，不小心繞著一隻小老鼠轉了無數個圈。小老鼠想盡一切辦法想要**避開**這個討厭的草帽，它剛一探出頭，啪！小老鼠眼睛裡冒出一大片星星，一下子暈過去了！

草帽飛呀飛，鼴鼠先生追呀追。

一輛敞篷汽車飛馳而來，草帽一飛，正好飛到司機的臉上，擋住了司機的視線，司機一下慌了神，汽車像喝醉了酒一樣四處亂撞，結果從橋上飛下去，直接掉進了大海裡，一隻螃蟹橫過來，趕快來幫忙，它剛用兩隻健壯的大鉗子鉗住汽車輪胎，只聽「砰」地一聲巨響，輪胎瞬間爆炸了，草帽一下被震得在海灘的上空飛了幾百個圈，可憐的鼴鼠先生就這樣一路跟著在海灘上跑了幾百個來回，一眼望去，海灘上到處都是他深深淺淺的**腳印**。

草帽飛呀飛，鼴鼠先生追呀追。

草帽飛得太快，一下又沒了蹤影，鼴鼠先生只好垂頭喪氣地回家了。

鼴鼠先生嘆了口氣，沮喪地正要關上門，只聽咚的一聲，草帽回來了，不偏不倚正好掛在門後的鉤子上。

管阿姨點評

這篇作品寫得相當成熟，相當有趣，而且是一種難得的童趣，一路讀下來，具有非常豐富的畫面感，簡直就像是在讀著一本可愛繪本的文字。

對於三個語詞的運用也很不錯，看得出來佳駿在用到「腳印」這個語詞的時候，特別花了一番心思，結果效果非常好，使得故事進行到這個段落的時候，不僅畫面感很強，甚至還能讓讀者感受到一種詩意呢。

18

可口、避開、腳印

19 舌頭、難過、建議

我要草莓霜淇淋

一個愁眉苦臉的小女孩，手裡捏著一張鈔票，來到潘阿姨的冰品小店，用一種哭腔哭調的聲音說：「我要一個草莓霜淇淋！」

「等一下，」潘阿姨說：「吃霜淇淋應該是一件很快樂的事，為什麼你看起來會這麼難過？」

「我是很難過、很不開心、不開心到很想哭，我要吃草莓霜淇淋！」小女孩說著說著，一顆晶瑩的淚珠已經從眼眶裡滾了下來。

「哦，別哭別哭，要不要抱抱？」心軟的潘阿姨向來最怕看到小朋友掉眼淚；一看到小朋友哭，她就會有一種心碎的感覺。

不過，小女孩咬咬嘴脣，揚著腦袋，小臉看起來滿堅強的，然後用一種很肯定的口氣說：「不用抱抱，我只要草莓霜淇淋！」

「好的，馬上就來！」

潘阿姨趕緊弄了一個草莓霜淇淋。為了安慰小女孩，這個霜淇淋還比一般的霜淇淋要大一些。

「來，草莓霜淇淋給你。」潘阿姨把霜淇淋遞給小女孩，柔聲安慰道：「別難過了哦。」

小女孩一接過霜淇淋，馬上大口大口、急急忙忙就吃起來。

「哎，你吃慢點。」

潘阿姨的話還沒說完，小女孩轉眼之間已經用驚人的速度吃完了整個霜淇淋，可是僅僅過了兩秒鐘，突然又哭喪著臉說：「啊，沒效！一點都沒效！」

潘阿姨趕緊問道：「怎麼了？什麼沒效？」

小女孩結結巴巴的說：「我記得媽咪說過，吃霜淇淋能夠開心，可是為什麼我現在還是很**難過**？」

對啊，潘阿姨也看過一些報導，說吃霜淇淋能夠刺激快樂中樞，但是——速度應該沒這麼快吧！

「來，我再請你吃一客草莓霜淇淋，不過，我**建議**你這一次用**舌頭**慢慢舔、慢慢品嘗。」

小女孩乖乖照做，斯斯文文、慢條斯理的把第二客霜淇淋給吃了。

「怎麼樣？現在有沒有覺得好一點？」

小女孩點點頭，「好像有一點。」

「那就好，」潘阿姨很高興，「那你現在能不能告訴我，你剛才是為了什麼事不開心？」

「喔，其實也沒什麼啦，」小女孩的臉色就像一陣奇怪的天氣，說變就變，只見她的小臉現在滿是陽光，開開心心的說：「就是為了剛才連去兩家小店，草莓霜淇淋都賣完了，所以我才不開心的嘛，不過現在已經好啦，謝謝阿姨！」

管阿姨的心得交流站

◆上一次說到「味道」能夠引發我們的聯想，這一次是想針對食物來做聯想。某些食物，總是會讓我們聯想到某些特定的事物。記得看過一則新聞報導，說有一個潛逃至海外的通緝犯，因為實在是太想念滷肉飯了而又潛回台灣，結果很快就被警方抓獲，其實，滷肉飯真的有那麼好吃嗎？應該是這個傢伙在想念滷肉飯的滋味時，也聯想起許多故鄉的人和事吧，因此儘管明知一回來就有可能被抓，儘管他一定是不願意被抓的（要不然當初他幹麼要逃呢？），可卻還是忍不住心存僥倖的溜回來。

◆吃霜淇淋能夠刺激快樂中樞，這確實是科學家做過的研究。（有時候科學家們所做的許多研究真是千奇百怪！）

◆ 這一次因為有「舌頭」這個詞，很自然地讓我聯想到了「吃」，而且還會聯想到「舔」這個動作，那麼吃什麼食物是要用舔的呢？當然是霜淇淋啦。再加上「難過」一詞又是用來形容心情的，於是我就聯想起所看過的「吃霜淇淋能夠刺激快樂中樞」這個報導了。至於「建議」這個詞，雖然要把它用進故事之中相對來說是比較容易的，不過也還是需要注意一下在用到它之前最好能有一點鋪陳，也就是小小的醞釀一下，這樣用起來就會更自然。

小朋友的作品

牙齒和舌頭

王舒桐／安徽省淮南市田家庵區十九小二年級

牙齒和舌頭是一對好朋友，如兄弟姐妹一般。可是有一天，牙齒突然不高興起來，他想，為什麼他每天在主人吃飯時，都要使出全身的力氣幫主人嚼，而**舌頭**只要躺在那，翻動幾下就可以了，不但可以嘗到美味，而且只要感覺味道不好，就毫不客氣的吐出來呢？而他，如果遇到主人啃骨頭，不管他多麼不高興都得啃。真是太不公平了！想著想著牙齒**難過**極了。

一天，他再也忍不住了，對舌頭說：「舌頭，我們倆換換位置好嗎？你當牙齒，我當舌頭，怎麼樣？」舌頭連忙接過話說：「那可不行，如果我們換了位置，那我們的主人還不成妖怪了嗎？」牙齒很是生氣，說：「不換就不換，有什麼了不起的。」

自從這以後，牙齒耿耿於懷。一天，他在主人吃飯時故意將舌頭咬傷。舌頭被牙齒咬的流出血來。傷心地躺在那，一動不動。站在一旁的牙齒哈哈笑著說：「看你還怎麼為主人工作？」

因為舌頭受了傷，主人只好將嚼過的食物使勁地嚥下肚裡，可是沒有舌頭的幫忙，差點把主人噎死。喉嚨被撐得難受極了，開口說：「我們都是為主人服務的，如果沒有了主人，我們的生活還有什麼意義呢？牙齒可以嚼爛食物，舌頭可以上下翻動食物，我可以將食物嚥進主人的肚裡，缺了我們哪一個都不行呀！我**建議**你們應該和好才對。」聽了喉嚨的話，牙齒和舌頭都羞愧地低下了頭。

舌頭和牙齒和好如初，互相默契的幫助對方。一天，牙齒生病了，腫得發了炎。生病的牙齒痛得快哭了，一旁的舌頭安慰他說：「不要難過了，我和喉嚨剛才幫主人吃了藥，過幾天你就會好起來。」牙齒激動地說：「以前，我說了你那麼多的壞話，還咬傷你，你不但不責怪我，為了我，這麼苦的藥你都幫主人吃了下去，讓我怎麼感激你呀！」「說什麼感激，我們是好兄弟呀，每天如果沒有你衝鋒在前將食物嚼爛，我和喉嚨又怎麼能把食物送進主人的肚裡呢。」看到他倆像兄弟一樣，互相謙讓，互相幫助，站在一旁的喉嚨開心地笑了。

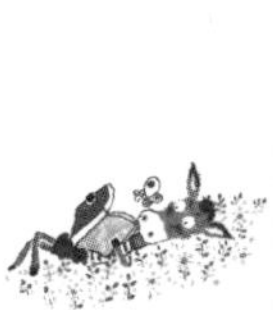

管阿姨點評

每個人都不免曾經在吃東西的時候不小心咬傷過自己的舌頭，所以我們很能夠從這篇類似寓言性質的作品中找到生活的影子。

這篇作品如果在「牙齒和舌頭都羞愧地低下了頭」這一段就結束，不是不可以，事實上有不少類似的寓言都是這樣的架構，可是舒桐小朋友繼續往下寫了「舌頭和牙齒和好如初」這一段，就使得這篇作品比較具有小作者自己的個人特色，特別是「怕吃藥、吃藥苦」更幾乎可以說是小朋友共同的生活經驗。

只是，把「舌頭」、「牙齒」當成是童話（或者是寓言，總之是故事）的角色好像還可以，但是把「喉嚨」也當成重要的角色，感覺上好像就有一點不大自然。不過，考慮到舒桐畢竟還這麼小，似乎也不應該太過挑剔啦。

20 恢復、幸運、橡皮擦

記憶橡皮擦

雨天的午後，一個老人坐在窗邊，默默的看著窗外。其實，雨勢並不大，但已經一連下了好幾天，而且幾乎是從早到晚的下，下得沒完沒了，害得他已經好幾天都沒有辦法去樓下的小公園晒晒太陽。

老人覺得自己都快要發霉了，心情十分鬱悶。他記得很清楚，就是在他剛剛下定決心一定要開始晨運的第二天開始下雨的，就好像是老天爺存心要跟他作對似的。老人愈想愈覺得像這樣彷彿是在被老天爺惡整的經驗，在自己的這

一輩子中真不知道有多少。

「如果我有一個『記憶**橡皮擦**』，能夠把過去所有倒楣的經驗、所有不愉快的經驗統統都擦掉就好了……」老人突發奇想。

反正閒著也是閒著，他索性就順著這個思路再繼續一路往下想。

「如果我真的有一個『記憶橡皮擦』，那麼我要先擦掉哪一段記憶呢？」

老人馬上就有了答案：「那當然是當年絕對不要進那家可惡的公司！」

他在這家無情無義的公司兢兢業業的工作了大半輩子，沒想到在中年的時候突然毫無預警的慘遭裁員，而在受到如此嚴重的打擊之後，從此他就一蹶不振，再也沒有辦法維持過去的小康生活。

「只要當年不進那家公司，我的人生就會大大地不同……」老人愈想愈覺得有道理。當年他可是以高材生的身分畢業的，有好幾個工作機會任他挑選，可惜他選擇錯誤，他所進的公司最終以倒閉收場，而當年被他淘汰掉的公司後來卻都是大發特發。

不過，老人想著想著，突然意識到一個問題。不對，妻子就是公司的同事啊，當年他們倆是同時被這家公司所錄取的，如果當年他沒有進這家公司，不是就不可能認識妻子了嗎？也就是說，如果他要把當年就業時的那段記憶擦掉，也就等於是要把後來與妻子共度的二十幾年時光也一起抹去，然而那可是一段多麼珍貴的時光啊！

「算了，還是**恢復**原狀吧，當年我還是應該進這家無情無義的公司……」

老人默默的想著。

現在，他的心情平靜了很多。因為，儘管這輩子有諸多的不如意，老人還是不能否認自己所得到的仍然比所失去的要多得多。老人覺得自己仍然是一個**幸運**的人。

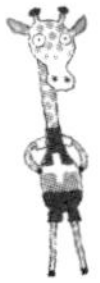

管阿姨的心得交流站

◆這是「聯想的遊戲」系列的最後一篇了。這個系列在一開始就強調「作文就是一個聯想的遊戲」，同時「我們常常都是根據生活經驗來聯想」，接下來無論是根據常識、形狀、符號、同音字、諧音，或是顏色、卡通、書本、遊戲，乃至於聲音、味道、食物等等來做聯想，都是屬於生活經驗。在看似平凡的生活中，其實蘊含著無窮無盡的寫作素材，只要善於觀察並且能夠用心體會，許許多多的大事小事都能激發我們的聯想。

◆稿子是不會白寫的，你每寫一篇，就會得到一篇的寫作經驗；一個類似的道理是，日子是不會白過的，過去的每一天都成為生命中的一部分，過去我們所經驗的每一件大事小事，都成為記憶。我們在進行聯想的時候，往往就是從自己腦海中的記憶庫去找出合適的素材。

◆ 在這個故事中，我首先是從「幸運」這個詞開始聯想。什麼才是幸運呢？人生總是有得有失，只計較於「失」的人往往就會忽略了自己的「得」，我覺得能夠正面思考的人都是幸運的，就算偶爾也會心情低落，但不會是長時期的鬱卒。有了這樣的中心思想，也就有了故事的主線，而要把「恢復」和「橡皮擦」這兩個詞用進去也就是很自然的了。

小朋友的作品

幸運的小麥

蕭晴云／台北市萬華國中八年級

小麥是一個運氣很不好的小孩。他總是希望如果自己的運氣能夠好一點就好了。

小麥遇過很多很衰的事，從嚴重到一點小麻煩的程度都有，小的就比如一些小東西常常會不見，嚴重一點可能是走路走到一半會有招牌從頭上掉下來。

走在往學校的路上，小麥深深嘆了口氣，「如果可以**幸運**一點就好了……」他想著。

這時，有一個小小的聲音在小麥的耳邊響起。

「那我就如你所願吧！」

小麥轉頭，身邊並沒有任何人。

不會大白天就撞鬼了吧……小麥打了個冷顫，連忙加緊腳步往學校走去。

在學校，小麥覺得很奇怪，他的運氣好像變好了。

不僅丟了很久的**橡皮擦**找回來了，連上課的時候老師問問題時也都沒有叫到他。

「真是太幸運了！」他想。

小麥變得愈來愈幸運，讓大家都很羨慕。

不再有任何東西不見，也沒有招牌再掉下來。

可是實在太幸運了，以至小麥過得很不習慣。

上課時，一旁的同學都莫名其妙的送他一大堆

東西，讓他每天都很煩惱。

回家時，媽媽總是煮一大堆好吃的東西，結果就是小麥變得愈來愈胖了。

有一天，他真的覺得不想再過這種生活了。

於是他突然在上學的路上大喊出聲：「讓一切**恢復**吧！」

這時，那一天的細小聲音又出現在他耳邊。

「嘖，真可惜，下次再玩好了。」

剎那，小麥突然陷入一大片的黑暗中。

當他再次張開眼時，他發現他在自己的床上。

小麥發現這一切都是夢，他的人生還是一樣的衰。

不過他過得很快樂。

他發現他很喜歡自己很衰的人生。

管阿姨點評

該如何把這三個語詞給嵌進去，看得出來晴云是很花了一番心思的，特別是在安排「橡皮擦」之前，晴云還先做了一點伏筆（小麥遇過很多很衰的事，從嚴重到一點小麻煩的程度都有，小的就比如一些小東西常常會不見……），而**橡皮擦**當然算是小東西了，所以稍後當小麥開始走運的時候，「不僅丟了很久的橡皮擦找回來了」，就顯得非常的順理成章，很自然。「恢復」和「幸運」這兩個語詞安排得也不錯。

不過，就整個故事來說，就似乎有一點兒虎頭蛇尾。也許是因為三個語詞都安排妥當，任務完成，所以收得有一點快，有些可惜。儘管像這樣的思路，主人翁最後終究都還是會希望一切恢復，但是如果能夠在結尾把主人翁的心理

狀態描述得細膩一些，一定會更好；譬如為什麼當小麥發現原來一切只是夢，當「他的人生還是一樣的衰」時，他會「過得很快樂」，而且還「發現他很喜歡自己很衰的人生」呢？

20 恢復、幸運、橡皮擦

國家圖書館出版品預行編目資料

管家琪教作文：語詞聯想遊戲／管家琪作；賴馬繪圖. -- 初版 . --台北市：幼獅, 2011.12
面；　公分. --（多寶槅.文藝抽屜；178）

ISBN 978-957-574-851-7（平裝）
1.漢語教學2.聯想式學習3.寫作法4.小學教學
523.313　　100021618

・多寶槅178・文藝抽屜
管家琪教作文——語詞聯想遊戲

作　　者＝管家琪
繪　　圖＝賴　馬
出 版 者＝幼獅文化事業股份有限公司
發 行 人＝李鍾桂
總 經 理＝廖翰聲
總 編 輯＝劉淑華
主　　編＝林泊瑜
編　　輯＝周雅娣
美術編輯＝黃瑋琦
總 公 司＝10045台北市重慶南路1段66-1號3樓
電　　話＝(02)2311-2832
傳　　真＝(02)2311-5368
郵政劃撥＝00033368

門市
● 松江展示中心：10422台北市松江路219號
電話：(02)2502-5858轉734　傳真：(02)2503-6601
● 苗栗育達店：36143苗栗縣造橋鄉談文村學府路168號（育達商業科技大學內）
電話：(037)652-191　傳真：(037)652-251

印　刷＝崇寶彩藝印刷股份有限公司
定　價＝250元
港　幣＝83元
初　版＝2011.12
書　號＝988138

幼獅樂讀網
http://www.youth.com.tw
e-mail：customer@youth.com.tw

行政院新聞局核准登記證局版台業字第0143號

幼獅文化公司／讀者服務卡／

感謝您購買幼獅公司出版的好書！
為提升服務品質與出版更優質的圖書，敬請撥冗填寫後（免貼郵票）擲寄本公司，或傳真（傳真電話02-23115368），我們將參考您的意見、分享您的觀點，出版更多的好書。並不定期提供您相關書訊、活動、特惠專案等。謝謝！

基本資料

姓名：________先生／　小姐

婚姻狀況：□已婚 □未婚　職業：□學生 □公教 □上班族 □家管 □其他

出生：民國________年________月________日

電話：（公）________（宅）________（手機）________

e-mail：________

聯絡地址：________

1.您所購買的書名：**管家琪教作文——語詞聯想遊戲**

2.您通常以何種方式購書?：□1.書店買書 □2.網路購書 □3.傳真訂購 □4.郵局劃撥
（可複選）□5.幼獅門市 □6.團體訂購 □7.其他

3.您是否曾買過幼獅其他出版品：□是，□1.圖書 □2.幼獅文藝 □3.幼獅少年
□否

4.您從何處得知本書訊息：□1.師長介紹 □2.朋友介紹 □3.幼獅少年雜誌
（可複選）□4.幼獅文藝雜誌 □5.報章雜誌書評介紹________報
□6.DM傳單、海報 □7.書店 □8.廣播(　　　)
□9.電子報、edm □10.其他________

5.您喜歡本書的原因：□1.作者 □2.書名 □3.內容 □4.封面設計 □5.其他

6.您不喜歡本書的原因：□1.作者 □2.書名 □3.內容 □4.封面設計 □5.其他

7.您希望得知的出版訊息：□1.青少年讀物 □2.兒童讀物 □3.親子叢書
□4.教師充電系列 □5.其他

8.您覺得本書的價格：□1.偏高 □2.合理 □3.偏低

9.讀完本書後您覺得：□1.很有收穫 □2.有收穫 □3.收穫不多 □4.沒收穫

10.敬請推薦親友，共同加入我們的閱讀計畫，我們將適時寄送相關書訊，以豐富書香與心靈的空間：

(1)姓名________e-mail________電話________
(2)姓名________e-mail________電話________
(3)姓名________e-mail________電話________

11.您對本書或本公司的建議：

廣	告	回	信

台北郵局登記證
台北廣字第942號

請直接投郵　免貼郵票

10045　台北市重慶南路一段66-1號3樓
幼獅文化事業股份有限公司

請沿虛線對折寄回

客服專線：02-23112832分機208　傳真：02-23115368
e-mail：customer@youth.com.tw
幼獅樂讀網http：//www.youth.com.tw